Gute Kindheit – Schlechte Kindheit? Armut und Zukunftschancen von Kindern und Jugendlichen in Deutschland

Abschlußbericht zur Studie im Auftrag des Bundesverbandes der Arbeiterwohlfahrt

Gute Kindheit – Schlechte Kindheit? Armut und Zukunftschancen von Kindern und Jugendlichen in Deutschland

Abschlußbericht zur Studie im Auftrag des Bundesverbandes der Arbeiterwohlfahrt

Beate Hock / Gerda Holz /
Renate Simmedinger / Werner Wüstendörfer

Gemeinnütziger e.V.

ISS-Eigenverlag • Frankfurt am Main

ISS-Pontifex 4/2000

Veröffentlichung im ISS-Eigenverlag
Frankfurt am Main, im Oktober 2000

Gesamtherstellung Druck Partner Rübelmann
Printed in Germany

ISBN 3-88493-154-7

und erschienen in der Reihe „AWO Sozialbericht" des AWO Bundesverbandes
Hrsg.: AWO Bundesverband e.V.
Verantwortlich: Rainer Brückers
Bonn, im Oktober 2000

Vorwort zum Sozialbericht 2000

Der Bundesverband der Arbeiterwohlfahrt (AWO) legt unter dem Titel „Gute Kindheit – Schlechte Kindheit" den Sozialbericht 2000 vor. Grundlage dieses Berichtes ist ein dreijähriges, bundesweites Forschungsprojekt des Institutes für Sozialarbeit und Sozialpädagogik, Frankfurt am Main (ISS), zum Themenschwerpunkt „Armut bei Kindern und Jugendlichen", welches die Arbeiterwohlfahrt 1997 in Auftrag gegeben hat.

Anlaß für die Untersuchung war, daß Armut bei Kindern und Jugendlichen in Deutschland heute kein marginales Phänomen mehr ist, sondern vielmehr die unter 18jährigen im Vergleich zu anderen Altersgruppen die höchste Armutsbetroffenheit aufweisen. Schon zu Beginn der neunziger Jahre wurde deshalb der Begriff der „Infantilisierung der Armut" geprägt.

Kinderarmut in Deutschland hat nichts mit den Bildern zu tun, die man aus Asien oder Afrika kennt. Armut bei Kindern und Jugendlichen ist hierzulande nicht so auffällig, aber es gibt sie mit anderen Gesichtern und sie nimmt zu. Die Zahlen sind bekannt, sie wurden von der Sachverständigenkommission für den „Zehnten Kinder- und Jugendbericht" der Bundesregierung veröffentlicht. Neuere Analysen kommen zu dem Ergebnis, daß im Jahr 1998 etwa jedes siebte Kind beziehungsweise jeder siebte Jugendliche in einer Familie lebte, die mit weniger als der Hälfte des durchschnittlichen (nach Haushaltsgröße gewichteten) Einkommens auskommen muß und damit als „einkommensarm" bezeichnet wird. Im Jahr 1998 waren etwa drei Millionen Personen insgesamt auf Sozialhilfe angewiesen, darunter etwa eine Million Kinder und Jugendliche. Hinzu kommt eine große Gruppe, die mit ihrer Familie unterhalb der Sozialhilfegrenze lebt, aber aus verschiedenen Gründen ihren Sozialhilfeanspruch nicht realisiert.

Der hier vorliegende Sozialbericht bleibt indes nicht bei den Zahlen stehen. Es wird nicht nur – wie in anderen Studien üblich – die materielle Lage des Haushalts beziehungsweise der Familie des Kindes und/oder die Lebenslage der Erwachsenen beschrieben, sondern auch und vor allem die Lebenssituation und Lebenslage des Kindes selbst in den Blick genommen. Entscheidend für die Untersuchung war die Frage nach dem, was unter Armutsbedingungen beim Kind ankommt. Um die Entwicklungsbedingungen und Entwicklungsmöglichkeiten armer Kinder insbesondere im Vergleich zu ökonomisch bessergestellten bewerten zu können, ist es von entscheidender Bedeutung, nach den Dimensionen zu fragen, die für das Aufwachsen des Kindes relevant sind. Dies sind, neben der materiellen Situation des Haushalts, unter anderem die Bereiche Wohnen, Nahrung, Kleidung und Gesundheit sowie die materiellen Partizipationsmöglichkeiten der Kinder und Jugendlichen. Weitere bedeutsame Aspekte sind die „Versorgung" im kulturellen Bereich, also die kognitive Entwicklung, Sprache, Schule, Bildung und kulturelle Kompetenzen, sowie die Situation im sozialen Bereich, also soziale Kontakte beziehungsweise Kontaktmöglichkeiten und soziale Kompetenzen.

Der Sozialbericht dient einerseits der fachlichen Weiterentwicklung der praktischen Sozialarbeit mit Kindern und Jugendlichen, andererseits gibt er der Arbeiterwohlfahrt Argumente zur politischen Einflußnahme an die Hand. Es wird unsere Aufgabe bleiben, diese Chancen im Interesse von Kindern und Jugendlichen zu nutzen, dies hat uns veranlaßt, die Weiterführung der Studie beim ISS in Auftrag zu geben.

Abschließend sei allen an der Studie Beteiligten unser großer Dank ausgesprochen. Ohne die Beteiligung von mehr als 2.700 Einrichtungen der Arbeiterwohlfahrt und ihrer Mitarbeiterinnen und Mitarbeiter wäre dieses nicht möglich gewesen. Ebensowenig vergessen sei die fachliche und finanzielle Unterstützung der Landes- und Bezirksverbände der Arbeiterwohlfahrt sowie die Arbeit des Institutes für Sozialarbeit und Sozialpädagogik.

Dr. Manfred Ragati
Bundesvorsitzender
der Arbeiterwohlfahrt

Rainer Brückers
Bundesgeschäftsführer
der Arbeiterwohlfahrt

Zu diesem Buch

Drei Jahre lang wurde im Auftrag des Bundesverbandes der Arbeiterwohlfahrt, eines der großen deutschen Wohlfahrtsverbände, zum Thema Armut von Kindern und Jugendlichen in Deutschland geforscht. Unter dem Titel „Armut und Zukunftschancen von Kindern und Jugendlichen in Deutschland" faßt das Institut für Sozialarbeit und Sozialpädagogik als ausführendes Institut in diesem Abschlußbericht zum Projekt die wesentlichen Ergebnisse und Schlußfolgerungen zusammen.

Im Zentrum steht zum einen die konkrete Bedeutung des Problems Armut bei Kindern und Jugendlichen; Armut wird dabei in ihren Auswirkungen für die aktuelle Lebenslage der Betroffenen, aber auch mit Blick auf die zukünftigen Lebenschancen der heranwachsenden Generation beleuchtet. Zum anderen wird das Thema Armutsbewältigung behandelt. Dabei geraten sowohl individuelle als auch institutionelle und gesellschaftliche Ressourcen und Restriktionen in den Blick. Auf dieser Basis werden Maßnahmen zur Vermeidung von Armut und Armutsfolgen in Praxis und Politik diskutiert.

Folgende Themen werden in diesem Abschlußbericht im Überblick behandelt:

- Armutskonzepte
- Die zahlenmäßige Bedeutung von Armut bei Kindern und Jugendlichen
- Frühe Folgen von Armut
- Verfestigung, Entstehung und Überwindung von Armut beim Übergang ins Berufsleben
- Verbreitung, Wahrnehmung und Umgang mit (Kinder-)Armut in Kinder-, Jugend- und Familienhilfeeinrichtungen
- Fachliche und politische Schlußfolgerungen mit Blick auf arme, armutsgefährdete und benachteiligte Kinder und Jugendliche

Das Buch richtet sich sowohl an Fachkräfte aus der erzieherischen und sozialarbeiterischen Praxis als auch an Interessierte aus Wissenschaft, Politik, Verwaltung und Verbänden. Jedes Kapitel ist in sich geschlossen und so aufgebaut, daß es rasch einen guten Überblick über die Forschungsergebnisse und neuen Erkenntnisse liefert.

About this book

Poverty among children and adolescents in Germany was a focus of a three-year research effort funded by one of the major German welfare agencies. Under the title „Good Childhood – Poor Childhood? Situations and Chances in the Life of Poor Children and Adolescents“ the Institut für Sozialarbeit und Sozialpädagogik, as the executive institute, presents in this final report a summary of the main results and conclusions of the study.

Focal issues include the concrete impact of poverty upon children and adolescents, its effects upon the current life situation of those affected, as well as its effects upon the future chances in life of the present generation of adolescents. A further issue, overcoming poverty, is addressed with a view towards both individual as well as institutional and social resources and restrictions. Practical and political measures to prevent poverty and its consequences are discussed against this background.

Individual chapters present an overview of each of the following topics:

- concepts of poverty,
- the numerical impact of poverty on children and adolescents,
- early consequences of poverty,
- entrenchment of, perception of, and triumph over poverty during the transition into juvenile and family aid,
- distribution of, perception of, and handing of (child) poverty in institutions of children's, juvenile and fame aid,
- expert and political conclusions with regard to disadvantaged children and adolescents living in or at risk of poverty.

The book is targeted at experts in the fields of early childhood education and social work as well as at the interested public in the fields of science, politics, administration and agencies. Each chapter is complete in itself and written to provide a rapid overview of research results and the latest findings.

Den an Einzelfragen beziehungsweise Details interessierten LeserInnen seien über diesen Bericht hinaus die Zwischenberichte zum Projekt zur vertiefenden Lektüre empfohlen:

Band 1

Hock, Beate; Holz, Gerda (1998):
Arm dran?! Lebenslagen und Lebenschancen von Kindern und Jugendlichen.
(ISS-Pontifex 3/1998, Frankfurt am Main)
Übersichtsband zu bisheriger Forschung zum Thema Armut von Kindern und Jugendlichen (Literaturanalyse, Literaturdokumentation)

Band 2

Hock, Beate; Holz, Gerda; Wüstendörfer, Werner (1999):
Armut – Eine Herausforderung für die verbandliche Kinder- und Jugendhilfe.
(ISS-Pontifex 2/1999, Frankfurt am Main)
Ergebnisse einer Befragung von über 2.700 Einrichtungen der Kinder-, Jugend- und Familienhilfe zum Thema Verbreitung, Wahrnehmung und Umgang mit Kinderarmut

Band 3

Hock, Beate; Holz, Gerda; Wüstendörfer, Werner (2000):
Folgen familiärer Armut im frühen Kindesalter – Eine Annäherung anhand von Fallbeispielen.
(ISS-Pontifex 1/2000, Frankfurt am Main)
Ergebnisse einer qualitativen Untersuchung zu Armut im frühen Kindesalter (Fallbeispiele)

Band 4

Hock, Beate; Holz, Gerda; Wüstendörfer, Werner (2000):
Frühe Folgen – langfristige Konsequenzen? Armut und Benachteiligung im Vorschulalter.
(ISS-Pontifex 2/2000, Frankfurt am Main)
Ergebnisse einer quantitativen Erhebung zur Lebenssituation und -lage von 900 armen und nicht-armen Vorschulkindern

Band 5

Hock, Beate; Holz, Gerda (Hg.) (2000):
Erfolg oder Scheitern? Arme und benachteiligte Jugendliche auf dem Weg ins Berufsleben.
(ISS-Pontifex 3/2000, Frankfurt am Main)
Zur Entstehung, Verfestigung und Überwindung von Armut beim Übergang ins Erwachsenenleben (Literaturanalyse und Fallbeispiele)

Zusammenfassung

Armut und Armutsfolgen bei Kindern und Jugendlichen

Der Bundesverband der Arbeiterwohlfahrt veröffentlicht unter dem Titel „Gute Kindheit – Schlechte Kindheit" den Abschlußbericht des Instituts für Sozialarbeit und Sozialpädagogik e.V., Frankfurt am Main, zu einem von der AWO in Auftrag gegebenen Forschungsprojekt zum Themenschwerpunkt „Armut bei Kindern und Jugendlichen". Die Ziele und Inhalte dieser dreijährigen bundesweiten Studie (im weiteren als AWO-ISS-Studie bezeichnet) sowie deren wichtigste Ergebnisse und einige allgemeine Schlußfolgerungen sind im folgenden zusammengefaßt.

Hohe Armutsbetroffenheit von Kindern und Jugendlichen

Anlaß für die Untersuchung war, daß Armut bei Kindern und Jugendlichen in Deutschland kein marginales Phänomen mehr ist. Vielmehr weisen die unter 18jährigen im Vergleich zu anderen Altersgruppen die höchste Armutsbetroffenheit auf. Schon zu Beginn der neunziger Jahre wurde deshalb der Begriff der „Infantilisierung der Armut" geprägt.

Im Jahr 1998 waren insgesamt etwa drei Millionen Personen **auf Sozialhilfe angewiesen,** darunter etwa **eine Million Kinder und Jugendliche**. Hinzu kommt eine etwa gleich große Gruppe, die mit ihrer Familie unterhalb der Sozialhilfegrenze lebt, aber aus verschiedenen Gründen ihren Sozialhilfeanspruch nicht realisiert.

Neuere Analysen gelangen zu dem Ergebnis, daß im Jahr 1998 etwa **jedes siebte Kind** respektive jeder siebte Jugendliche in einer Familie lebte, die mit weniger als der Hälfte des durchschnittlichen Einkommens auskommen muß und damit als „(einkommens-)arm" bezeichnet wird.

Kinderarmut läßt sich nicht nach einfachen Denkschablonen bestimmten „Problemgruppen" zuordnen. Die Wirklichkeit ist komplizierter. Bezüglich der **sozialräumlichen und sozialstrukturellen Verteilung der von Armut betroffenen Kinder und Jugendlichen** gilt:

- Arme Kinder und Jugendliche gibt es in allen Regionen, auch in ländlichen Gegenden. In größeren Städten ist jedoch eine deutliche Häufung festzustellen. Armut tritt also auch außerhalb von Sozialen Brennpunkten und nicht nur räumlich begrenzt auf.

- Arme Kinder und Jugendliche leben überwiegend in „vollständigen" Familien beziehungsweise mit beiden (leiblichen) Eltern. Es sind also – trotz höherer Armutsgefährdung – nicht nur Kinder aus Ein-Eltern-Familien von Armut betroffen.

- Kinder aus kinderreichen Familien sind zwar deutlich armutsgefährdeter, aber auch viele Kinder und Jugendliche aus Kleinfamilien fallen unter die Armutsgrenze.

- Auch in armen Familien sind die Väter mehrheitlich berufstätig. Ist der Vater in einer „vollständigen" Familie jedoch arbeitslos, steigt die Armutsgefährdung für die Kinder deutlich an.

- Armutsgefährdet sind besonders Kinder und Jugendliche ohne deutschen Paß. Dennoch stellen deutsche Kinder die Mehrzahl der Armutsgruppe.

- Ein unsicherer ausländerrechtlicher Aufenthaltsstatus führt extrem häufig zu Armut. Insgesamt spielt diese Gruppe unter den vielen armen Kindern und Jugendlichen aber eine zahlenmäßig geringere Rolle.

Forschungsdefizite

Die bisherige Armutsforschung weist erhebliche Defizite auf. Sie hat „Kinderarmut" beziehungsweise die Problemlagen von Kindern und Jugendlichen, die in armen Familien aufwachsen, nur am Rande gestreift. Kinder und Jugendliche wurden als „Armutsrisiko", als Mitbetroffene oder gar nicht thematisiert. Daß der Armut bei Kindern und Jugendlichen ein eigenes Gewicht zukommt, welches wesentlich geprägt ist von den Verteilungsstrukturen innerhalb der Familien, den individuellen Potentialen der Eltern sowie den gesellschaftlichen und institutionellen Rahmenbedingungen, blieb ebenso unbeachtet. Gleiches gilt für die Fragen, wie Armut auf Kinder und Jugendliche wirkt, welche mittel- und langfristigen Perspektiven sich armen Minderjährigen eröffnen und welche Chancen der Bewältigung diese besitzen. Die AWO-ISS-Studie befaßt sich genau mit diesen vernachlässigten Fragestellungen.

Untersuchungsschwerpunkte der AWO-ISS-Studie „Lebenslagen und Lebenschancen von armen Kindern und Jugendlichen"

Einen Schwerpunkt bildeten die Fragen nach der **Bedeutung und** nach den **Folgen von Armut bei Kindern und Jugendlichen**:

- Welchen Umfang hat Kinder- und Jugendarmut?

- Wie ist die Struktur der Betroffenen?

- Wie muß an das Thema herangegangen werden (Frage des Armutskonzeptes)?

- Welche Erscheinungsformen und -folgen hat Armut?

- Wie sind diese verteilt, beziehungsweise wie häufig kommen diese vor?

- Welche Zukunftschancen und -perspektiven für die Betroffenen ergeben sich daraus?

Innerhalb eines zweiten Schwerpunktes wurde das Thema **Armutsbewältigung** mit folgenden Untersuchungsbereichen behandelt:

- Subjektives Erleben der Betroffenen,
- Copingstrategien der Eltern,
- Copingstrategien der Kinder/Jugendlichen,
- Rolle der gesellschaftlichen Rahmenbedingungen und des Sozialstaats,
- Rolle der Hilfeinstitutionen und
- Rolle des privates Umfeldes.

Neben Analysen vorhandener Daten und Literatur wurden umfangreiche eigene Erhebungen (Experteninterviews, Einrichtungsbefragung, Fallstudien und Klientendatenerhebungen) durchgeführt. Am intensivsten wurden Kinder im Vorschulalter untersucht.

Das Armutskonzept der Studie: An der Lebenslage der Kinder orientiert

Im Rahmen der AWO-ISS-Studie wurde der Anspruch formuliert, einen erweiterten, kindgerechte(re)n Armutsbegriff zu entwickeln und auch empirisch umzusetzen. Wie beim Lebenslagenansatz, der Armut als Unterversorgung und Benachteiligung in einem umfassenderen als dem rein ökonomischen Sinne begreift, kam es auch in diesem Forschungsvorhaben darauf an, einen mehrdimensionalen Zugang zu wählen. **Nicht nur die materielle Lage des Haushalts beziehungsweise der Familie des Kindes wurde in den Blick genommen, sondern auch und vor allem die Lebenssituation und Lebenslage des Kindes selbst.**

Die Leitfrage lautete: Was kommt (unter Armutsbedingungen) beim Kind an?

Zunächst wurden folgende **Grundbedingungen** eines „kindgerechten“ Armutsbegriffes formuliert:

- Die Definition muß vom Kind ausgehen („kindzentrierte Sichtweise“).
  Das heißt, die spezielle Lebenssituation der untersuchten Altersgruppe, die jeweils anstehenden Entwicklungen, aber auch die subjektive Wahrnehmung sind zu berücksichtigen.

- Gleichzeitig muß der familiäre Zusammenhang, die Gesamtsituation des Haushaltes, berücksichtigt werden.
  Noch viel weniger als Erwachsene leben Jugendliche und vor allem Kinder als Monaden. Vielmehr ist ihre Lebenssituation in den meisten Bereichen von der Lebenslage der Eltern direkt abhängig.

- Eine Armutsdefinition für Kinder und Jugendliche ist notwendig mehrdimensional. Eine rein auf das (Familien-)Einkommen bezogene Armutsdefinition geht an der Lebenswelt der Kinder vorbei. Die einbezogenen Dimensionen müssen geeignet sein, etwas über die Entwicklung und Teilhabechancen der betroffenen Kinder auszusagen.
- Des weiteren darf Armut von Kindern nicht als Sammelbegriff für benachteiligende Lebenslagen von Kindern verwendet werden. Nur wenn eine materielle Mangellage der Familie – nach definierten Armutsgrenzen – vorliegt, soll von Armut gesprochen werden.

Um die Entwicklungsbedingungen und Entwicklungsmöglichkeiten armer Kinder im obigen Sinne – insbesondere im Vergleich zu ökonomisch bessergestellten Kindern – bewerten zu können, wurden folgende **Dimensionen** im Rahmen der Studie berücksichtigt.

(1) Materielle Situation des Haushalts (**„familiäre Armut“**)	
(2-5) **Dimensionen der Lebenslage des Kindes**	
(2) **Materielle** Versorgung des Kindes	Grundversorgung, d. h. Wohnen, Nahrung, Kleidung; materielle Partizipationsmöglichkeiten
(3) „Versorgung“ im **kulturellen** Bereich	z. B. kognitive Entwicklung, sprachliche und kulturelle Kompetenzen, Bildung
(4) Situation im **sozialen** Bereich	soziale Kontakte, soziale Kompetenzen
(5) **Psychische und physische** Lage	Gesundheitszustand, körperliche Entwicklung

Die angeführten fünf Dimensionen ermöglichen es, bezogen auf die kindlichen Lebensbedingungen den Spielraum der Entwicklungsmöglichkeiten und damit auch die Teilhabe- und Teilnahmechancen des Kindes einzuschätzen.

Von „Armut“ wird immer und nur dann gesprochen, wenn „familiäre Armut“ vorliegt, das heißt, wenn das Einkommen der Familie des Kindes bei maximal 50 Prozent des deutschen Durchschnittseinkommens liegt. Kinder, bei denen zwar Einschränkungen beziehungsweise eine Unterversorgung in den genannten Lebenslagedimensionen festzustellen sind, jedoch keine familiäre Armut vorliegt, sind zwar als „arm dran“ oder als benachteiligt zu bezeichnen, nicht jedoch als „arm“.

Armut im frühen Kindesalter – Zwischen „Wohlergehen“ und „multipler Deprivation“

Auf der Grundlage dieses Armutsbegriffs wurden in den Untersuchungen zu Armut im Vorschulalter drei Lebenslagegruppen oder -typen gebildet: Von *Wohlergehen* wird dann gesprochen, wenn zentrale (Lebenslage-)Dimensionen aktuell keine „Auffälligkeiten“ aufweisen, das Kindeswohl also gewährleistet ist. „*Benachteiligung*“ liegt dann vor, wenn in einigen wenigen Bereichen aktuell „Auffälligkeiten“ festzustellen sind. Das betroffene Kind kann in bezug auf seine weitere Entwicklung als eingeschränkt beziehungsweise benachteiligt betrachtet werden. Von *„multipler Deprivation“* schließlich ist dann die Rede, wenn in zentralen Lebens- und Entwicklungsbereichen Beeinträchtigungen vorliegen. Das Kind entbehrt in mehreren wichtigen Bereichen die notwendigen Ressourcen, die eine positive Entwicklung wahrscheinlich machen.

Die drei genannten Lebenslagetypen wurden im weiteren herangezogen, um die Lebenslagen von Kindern aus armen Familien mit denen aus nicht-armen Familien zu vergleichen. Die Studie kam zu folgendem Ergebnis:

- Mehr als jedes dritte arme Kind, aber auch etwa jedes siebte nicht-arme Kind gehört zur Gruppe der in mehreren zentralen Lebensbereichen eingeschränkten Kinder (= multipel deprivierte Kinder).
- Knapp jedes zweite nicht-arme Kind, aber immerhin auch etwa ein Viertel der armen Kinder lebt im „Wohlergehen“, ist also in keinem der zentralen Lebensbereiche eingeschränkt.
- Die übrigen (jeweils etwa 40 Prozent) gehören zur Gruppe der „benachteiligten“ Kinder.

Das kindliche „Wohlergehen“ begünstigen:

- Regelmäßige gemeinsame Aktivitäten in der Familie
- Gutes Familienklima (keine regelmäßigen Streitigkeiten)
- Deutschkenntnisse mindestens eines Elternteils *(bei Migrantenkindern)*
- Keine Überschuldung
- Keine beengten Wohnverhältnisse

Insbesondere die beiden ersten Punkte verweisen auf die große Bedeutung der „Leistung“ derjenigen Eltern, denen es trotz schwieriger materieller Verhältnisse gelingt, ihren Kindern förderliche Entwicklungsbedingungen zu bieten. Damit kommt neben der Einkommenssituation der Familie den sozialen und den kulturellen Ressourcen der Eltern zentrales Gewicht zu.

Entscheidend für die weitere Entwicklung armer und insbesondere mehrfach benachteiligter Kinder ist, ob sie neben der Familie und der Förderung in einer Kindertagesstätte weitere, gezielte Unterstützung erhalten. Die Ergebnisse der AWO-ISS-Studie zeigen, daß zwar Kinder, die aufgrund ihrer Lebenslage, sozialer Probleme in der Familie oder materiellen Mangels „benachteiligt“ sind respektive unterstützungsbedürftig erscheinen, tatsächlich deutlich häufiger professionelle Unterstützung erhalten als diejenigen der nicht benachteiligten Vergleichsgruppe. Gleichzeitig gibt es aber eine große Gruppe unterstützungsbedürftiger Kinder, die keine Hilfen erhalten. Die frühen Hilfen für arme und benachteiligte Kinder und ihre Familien müßten also weiter verbessert werden.

Sozialisation unter erschwerten Bedingungen

Angesichts der Mehrdimensionalität von Armut sind arme Kinder und Jugendliche gezwungen, ihre Sozialisation unter (deutlich) erschwerten Bedingungen zu bewältigen. Die allgemeinen Entwicklungsaufgaben in der Kinder- und Jugendphase sind unter diesen Voraussetzungen schwerer zu bewerkstelligen.

Dies führt im weiteren Lebensverlauf unter anderem dazu, daß arme Kinder und Jugendliche im Vergleich zu anderen (materiell bessergestellten) mit Blick auf erreichte Schul- und Berufsabschlüsse deutlich schlechter abschneiden.

Subjektiv erlangt Armut schon ab dem Grundschulalter insofern an Bedeutung, als arme Kinder sich oft nicht dazugehörig fühlen und Ausgrenzungserfahrungen machen. Mit zunehmendem Alter steigt der Druck, sich an vorherrschende Konsummuster anzupassen, gewinnt also Armut als Ressourcenmangel an Bedeutung.

Die von Armut betroffenen Kinder und Jugendlichen reagieren in unterschiedlicher Weise auf diese Ausgrenzungs- und Mangelerfahrungen: Oft versuchen sie, die familiäre Armut zu verheimlichen, viele ziehen sich zurück. Andere versuchen, sich „offensiv“ die ihnen oftmals verweigerte Anerkennung zu verschaffen.

Die im Rahmen der AWO-ISS-Studie untersuchten Biographien von in Armut aufgewachsenen **Jugendlichen, die „erfolgreich“ die familiäre Armut hinter sich gelassen haben**, haben eines gemeinsam: die Erkenntnis und Überzeugung der Jugendlichen, ihr Leben selber in die Hand nehmen zu können (oder gar zu müssen), und den Wunsch nach materieller Selbständigkeit sowie nach „Normalität“ und gesellschaftlicher Anerkennung. Die Wege und die konkreten Umgangsweisen mit der Situation unterscheiden sich dabei deutlich. Auch der Unterstützungsbedarf ist sehr verschieden. Die in der Studie untersuchten Fallbeispiele stimmen jedoch darin überein, daß Armut zu einem (noch) frühzeitige(re)n Zwang zum „Erwachsenwerden“, zur Übernahme von Verantwortung und zum Geldverdienen führt.

Eine Marginalisierung der von Armut betroffenen Kinder und Jugendlichen, die **Verfestigung und Vererbung der familiären Armut** sowie das Scheitern beim Übergang ins Berufsleben entstehen vor allem dann, wenn zur materiellen Mangellage der Familie problematische Sozialisationsbedingungen im Elternhaus hinzukommen, die Schule (und der Arbeitsmarkt) ausgrenzend wirkt, eine Einbindung in „abweichende“ Peergruppen stattfindet und schließlich öffentliche Instanzen problematische Entscheidungen treffen.

Sekundäranalysen im Rahmen dieser Studie zur Frage des Übergang von der Schule in Ausbildung und Beruf haben ergeben, daß insbesondere junge Männer und Frauen mit Migrationshintergrund stark gefährdet sind und diesen wichtigen Übergang nicht schaffen. Das wiederum hat **Armutsgefährdungen** zur Folge. So entsteht – nicht zuletzt durch das Versagen des Bildungswesens, mangelnde gesamtgesellschaftliche Integration von MigrantInnen und Diskriminierung – eine neue, besonders armutsgefährdete Gruppe.

Armut und (verbandliche) Kinder- und Jugendhilfe

Armut von Kindern und Jugendlichen ist in allen Handlungsfeldern Sozialer Arbeit tagtäglich erlebbar. Besonders und in den letzten Jahren verstärkt spürbar sind Armutsfolgen in städtischen Einrichtungen und dort vor allem im Bereich der Migrationsarbeit und der Hilfen zur Erziehung. Aber auch in Einrichtungen wie Kindertagesstätten sind die Fachkräfte mit den materiellen und immateriellen Folgen prekärer Einkommensverhältnisse konfrontiert.

Die AWO-Fachkräfte sowie die AWO als Träger und Verband bemühen sich, vor allem durch pädagogische und beraterische Tätigkeit, durch das Vorhalten allgemeiner und spezifischer Angebote sowie durch anwaltschaftliches Engagement die Lebenslage armer Kinder und Jugendlicher zu verbessern. Einer gezielten und frühzeitigen Unterstützung dieser Gruppe stehen jedoch verschiedene Faktoren entgegen. Zu nennen sind unter anderem: a) Grenzen der Informiertheit und des „professionellen Blicks“ auf die Lebenssituation der betreuten Minderjährigen und ihrer Familien, b) unzureichende Vernetzung verschiedener Einrichtungen und Angebote im Sozialraum, c) fehlende Bestandssicherheit von Angeboten, d) die Tendenz (vor allem der Länder), Standards – zum Beispiel im Bereich der Tageseinrichtungen für Kinder – abzubauen, e) fehlende Mittel für die Integration von MigrantInnen und nicht zuletzt f) die Tendenz der Gesellschaft, Armut nicht wahrnehmen zu wollen und/oder dem einzelnen die Verantwortung hierfür zuzuschreiben, was bei den Betroffenen (auch schon bei Kindern und Jugendlichen) zum schamhaften Verschweigen und sozialen Rückzug führt und sie so existierenden Unterstützungsangeboten „entzieht“.

Gesellschaftlicher Kontext von Kinderarmut

Armut bei Kindern und Jugendlichen ist über den individuellen Fall, die konkrete Betroffenheit hinaus im gesellschaftlichen Kontext (zum Beispiel anhaltender struktureller Arbeitslosigkeit) zu sehen. Die großen gesellschaftlichen Verursachungszusammenhänge von Armut sind in der Lebenswirklichkeit von Kindern und Jugendlichen „angekommen“, haben dort ihre spezifischen Auswirkungen und verlangen entsprechend nach spezifischen Handlungsstrategien.

Das Heranwachsen armer Kinder und Jugendlicher findet oft nicht in dem Schonraum statt, der gemeinhin für eine förderliche Entwicklung als notwendig erachtet wird: Die Folgen der Globalisierung, von wirtschaftlichen Umbrüchen und deren Niederschlag in Arbeitslosigkeit und prekäre Beschäftigungsverhältnisse sowie von Migration haben die Kindheit und Jugend erreicht, was sich in unterschiedlicher Weise in den Biographien der untersuchten armen Kinder und Jugendlichen niederschlägt. Die gesamtgesellschaftlich zu konstatierende soziale Polarisierung findet sich auch in den Befunden der einzelnen Studien zur Lebenssituation von Kindern und Jugendlichen wieder. Armut bei ihnen ist heute ein alltägliches Problem, auch wenn es durch die Scham der Betroffenen und die Ignoranz der Nichtbetroffenen oft nicht als solches erscheint.

Kindperspektive und Armutsbegriff

Kinder – gleich ob deutsche oder nichtdeutsche – haben ein Recht, in ihrer Lebenslage, mit ihren Ressourcen und Problemen eigenständig wahrgenommen und nicht länger als „Teilmenge“ von Haushalten, Familien etc. deklariert zu werden. Die Multidimensionalität von Armut muß wahrgenommen und entsprechend damit umgegangen werden. Bei der Erfassung der Armutsproblematik von Kindern darf vor allem das notwendige multidimensionale Verständnis nicht durch professionsspezifisch verengte Sichtweisen eingeschränkt werden. Es reicht deshalb nicht aus, Armut in der Logik einer sozialarbeiterisch-beratungsspezifischen Perspektive als „psychosoziales Problem“ zu verstehen, das hauptsächlich eine Änderung von Einstellungen und Verhaltensweisen der Betroffenen erfordert. Ebensowenig reicht es aus, Armut ausschließlich als materielles Unterstützungsproblem aufzufassen und Hilfen deshalb allein auf finanzielle Hilfen respektive Transfers zu verkürzen, wie es in den älteren sozialpolitisch-volkswirtschaftlichen Ansätzen manchmal geschehen ist. Gerade im Alltag und in der Lebenswelt von Kindern stellt sich Armut als komplexes, multidimensionales Problem dar und bedarf deshalb einer ebenso komplexen Wahrnehmung und eines sensiblen Verständnisses. Es bedarf eines Armutsbegriffs, der Armut aus dem heraus beschreibt, was bei den Kindern – in materieller wie in immaterieller Hinsicht – tatsächlich ankommt und was diese wirklich benötigen.

Soziale Ausgrenzung

Armut schlägt sich in unterschiedlichen Formen sozialer Ausgrenzung nieder. Die Einschränkung der Teilhabe an den materiellen und immateriellen Ressourcen der Gesellschaft begrenzt insgesamt die Lebenschancen von Kindern und Jugendlichen für eine selbstbestimmte Entwicklung, die Einpassung in die gesellschaftlichen Normen und Werte sowie die soziale Positionierung im späteren Berufsleben. Dies gilt besonders für (arme) Kinder und Jugendliche ohne deutschen Paß.

Sozialräumliche Ausgrenzung

Armut wird zunehmend auch sozialräumlich ausgegrenzt. Immer mehr Kinder und Jugendliche wachsen in Wohnquartieren auf, die weit entfernt sind von den Zentren der (Mittelschicht-)Normalität, an deren Normen sie aber gemessen werden. Ihr Scheitern in dieser „Normalität“ ist vorgeprägt, die intergenerative Weitergabe von sozialer Ausgrenzung ist vorgezeichnet. Diese sozialräumliche Segregation entzieht „der Gesellschaft“ den Blick auf die alltäglich in ihr stattfindende Ausgrenzung. Die Gesellschaft spaltet sich. Solidarität kann nicht mehr gelebt werden. Gefordert ist eine Stärkung des Leitbildes einer „solidarischen Gesellschaft“, in der die Leistungsfähigeren den Leistungsschwächeren helfen, so daß letztlich Autonomie an die Stelle von Heteronomie tritt, Hilfe Selbsthilfe ermöglicht und Chancengleichheit gegeben ist.

(Kinder-)Armut und die Zukunft der Gesellschaft

Armut bei Kindern und Jugendlichen beschädigt die Zukunftsperspektiven der gesamten Gesellschaft und muß deshalb zukünftig verhindert, zumindest aber möglichst rasch überwunden werden. Armut bei Kindern und Jugendlichen beeinträchtigt die Human-Ressourcen der Gesellschaft, einer Gesellschaft, die ansonsten nicht müde wird zu betonen, daß ein rohstoffarmes Land gerade die Hauptressource, nämlich junge Menschen, bilden, fördern und motivieren soll und wird.

Gute Kindheit – Schlechte Kindheit?

Armut und Zukunftschancen von Kindern und Jugendlichen in Deutschland

Abschlußbericht zur Studie
im Auftrag des Bundesverbandes der Arbeiterwohlfahrt e. V.

von

Beate Hock
Gerda Holz
Renate Simmedinger
Werner Wüstendörfer

Inhalt

Tabellenverzeichnis

Abbildungsverzeichnis

„Solidarität – sie ist in der modernen Gesellschaft, die sich in gegeneinander abgeschottete soziale Milieus auseinander gegliedert hat – ein knappes Gut geworden. Solidarität ist eine Frage der Mentalität. In einer Gesellschaft von Individuen, die sich über Selbstinitiative, Selbstverantwortung und Autonomie definieren, entsteht auf der Schattenseite Angst und Hilflosigkeit. Eine pluralisierte Gesellschaft ist durch Brüche der sozialen Kohäsion gezeichnet – Brüche, die für die Begünstigten Offenheit und Vielfalt bedeuten, für die anderen dagegen Anomie und Ausgrenzung beinhalten." (Riedmüller)

1 Lebenslagen und Lebenschancen von armen Kindern und Jugendlichen – Hintergrund und Zielsetzung der AWO-ISS-Studie

„Lebensbewältigung für das zeitgenössische Subjekt wird zu einer riskanten Chance, die kaum über die Orientierung an traditionsbestimmten sozialen Vorgaben genutzt werden kann, die das Individuum zum Handlungszentrum seiner eigenen Lebensorganisation bestimmt und deren kreative Nutzung individuelle, soziale und ökonomische Ressourcen erfordert. Für Kinder und Jugendliche beinhaltet dieser Prozeß hin zu individualisierten Formen der Lebensbewältigung besondere Risikokonstellationen." (Keupp)

1.1 Aufwachsen heute

Kindheit wird heute mit Schlagworten wie *„Konsum-, Medien-, Karriere- oder auch Schulkindheit"* beschrieben (vgl. zum Beispiel Brinkhoff, 1996). Im zeithistorischen Vergleich erhalten junge Menschen immer früher einen umfassenden Zugang in die symbolische Welt der Erwachsenen, werden aber gleichzeitig damit belastet, Verantwortungen und Aufgaben der Eltern/Erwachsenen übernehmen zu müssen. Damit einher gehen oft Früherwachsenheit und verfrühte Rationalisierung im Sinne einer *„geschuldeten Kindheit",* was sich wiederum an eigentlich für Erwachsene typischen Streßsymptomen und Gesundheitsbeschwerden festmachen läßt. Immer weniger bieten Ballungsräume mit hoher Wohndichte kindangemessene Spiel- und Lebensmöglichkeiten. Schilder wie „Spielen verboten" und „Eltern haften für ihre Kinder" sind derartige Kennzeichen. Natürliche Spiel- und Bewegungsräume weichen wie selbstverständlich dem Verkehr und Wirtschaftsgebäuden. Als unmittelbare Konsequenz sozialökonomischer Entwicklungen wächst ein Großteil der Kinder in verinselten und von Erwachsenen vorstrukturierten Sozialräumen auf (*„Verinselung der Kinder"*).

Diese schon im Kindesalter einsetzenden Entwicklungen korrespondieren mit erheblichen Gefährdungstendenzen. Eine Vielzahl sozialwissenschaftlicher Untersuchungen weist auf die hohen Quoten von Delinquenz, Aggressivität und Kriminalität bei Kindern und Jugendlichen sowie wie auf die Zunahme von Alkohol- und Drogenproblemen, Medikamentenmißbrauch, Fehlernährung oder auch psychischen Beschwerden hin *(„Gefährdete Kindheit").*

Weiterhin leben die Kinder heute mehr in multikulturellen Kontexten: Für Kinder ist es mehr und mehr Alltag, mit Gleichaltrigen anderer Ethnien und Nationalitäten aufzuwachsen *(„Multikulturelle Kindheit").*

Die für die Kindheit skizzierten Entwicklungen gelten in ähnlicher Weise auch für die **Jugend**. Darüber hinaus ist die Jugend(phase) jedoch noch mehr als die Kindheit(sphase) durch gesellschaftliche Brüche und Krisen geprägt. Jugend impliziert stets eine Doppelung: Sie ist zum einem eine subjektive biographische Lebensphase, in der Aufgaben der inneren Entwicklung, des Lernens, der Identitätsbildung zu bewältigen sind. Zum anderen ist sie eine gesellschaftlich bestimmte Lebenslage und damit abhängig von gesellschaftlichen Bedingungen und Erwartungen, ganz besonders aber von der Zukunft und Zukunftsfähigkeit der zentralen Grundlagen unserer Arbeitsgesellschaft. Die Krise im Erwerbssektor, Arbeitslosigkeit, Globalisierung, Rationalisierung und die Verlagerung von Beschäftigung sind deshalb nicht nur eine Randbedingung des Aufwachsens. Sie sind nicht nur bloße Belastungen des Erwachsenenlebens, von dem Jugendliche in einem Schonraum entlastet ihr Jugendleben führen können (vgl. Jugendwerk der Deutschen Shell 1997).

Gleichwohl sieht sich die „Jugend 2000“ inzwischen mehrheitlich nicht mehr einer düsteren (und nicht veränderbaren) Zukunft ausgesetzt. Als Grundstimmung konstatieren die AutorInnen der 13. Shell-Jugendstudie eine seit 1996 deutlich gewachsene Zuversicht der Jugendlichen im Hinblick auf ihre persönliche, aber auch die gesellschaftliche Zukunft. Die Mehrheit der 1999 befragten deutschen Jugendlichen beurteilte die persönliche und gesellschaftliche Zukunft eher zuversichtlich. Die heutigen Jugendlichen dürften deshalb jedoch nicht als „unbekümmerte Optimisten“ bezeichnet werden, denn:

„Jugendliche nehmen sehr deutlich die Herausforderungen der modernen Gesellschaft, in der sie leben, wahr, die Anstrengungen, die deren Meisterung erfordert, die Leistungsbereitschaft, die abverlangt wird, Beharrlichkeit und Ausdauer, ohne die man die zuversichtlich gesetzten Ziele nicht erreichen kann ... Zukunftszentriertheit geht nicht mehr wie früher mit Sorgenfreiheit einher, vielmehr mit biographischen Anstrengungen“. (Deutsche Shell 2000, 13)

Deshalb gibt es große Unterschiede zwischen verschiedenen Untergruppen von Jugendlichen. Gut vorbereitet und ausgestattet fühlen sich diejenigen Jugendlichen, die über gute Voraussetzungen (Bildung, Unterstützung durch die Eltern, klare Lebensplanung, Persönlichkeitsressourcen oder auch Selbstvertrauen) verfügen. Pessimistische Einstellungen und Perspektiven sehen diejenigen, die eher schlechtere Bedingungen haben. Dazu zählen im Jahr 2000 vor allem ostdeutsche und ausländische – besonders türkische – Jugendliche (vgl. Deutsche Shell 2000, 13).

Die heute in Deutschland heranwachsenden Kinder und Jugendlichen stehen somit vor mannigfachen Herausforderungen, die ihnen einerseits viele Gestaltungschancen bieten, und andererseits sind sie vielfältigen Risiken des Scheiterns ausgesetzt. Sie haben mehr Wahlfreiheiten als die Generation ihrer Eltern und Großeltern, ihnen sind jedoch gleichzeitig in ihren Wahlfreiheiten durch die andauernden ökonomischen Probleme enge Grenzen gesetzt. Heranwachsende, denen nicht in ausreichendem Maße ökonomische, kulturelle und/ oder soziale Ressourcen durch Eltern, familiäres Umfeld, Gemeinwesen und Staat zur Verfügung stehen, müssen als besonders gefährdet betrachtet werden, ihre „Lebensorganisation“ nicht in einer gesellschaftlich gewünschten Weise bewältigen zu können.

1.2 Hintergrund der Studie

Vor dem Hintergrund der soeben zitierten Befunde und trotz einer hohen und tendenziell steigenden Zahl armer Kinder und Jugendlicher ist es erstaunlich, daß sich in den seit Anfang der neunziger Jahren intensivierenden Diskurs über Armut nur wenige mit der Lebenssituation armer Kinder und Jugendlicher befaßt haben.

Die öffentlichen Institutionen und die eigentlichen Politikbereiche tun sich immer wieder schwer, das Faktum „Armut im Reichtum" in Deutschland zu sehen und als zwingendes Handlungsfeld zu begreifen. Dies wurde Mitte 1998 in ganz besonderer Weise durch den Umgang der christlich-liberalen Bundesregierung mit dem Zehnten Kinder- und Jugendbericht (vgl. Bundesministerium für Familie, Senioren, Frauen und Jugend 1998) deutlich, den die unabhängige Sachverständigenkommission erstmals der Lebenssituation von Kindern gewidmet hat und in dem in einem knapp achtseitigen Unterkapitel der Fakt von Kinderarmut in Deutschland offen konstatiert wird[1]. Dieses Faktum bestritt das zuständige Ministerium damals jedoch. Es wird sich in den nächsten Jahren zeigen, ob der geplante Armuts- und Reichtumsbericht der jetzigen rot-grünen Bundesregierung eine politische Kursänderung bedeutet beziehungsweise einläutet.

Die zunehmende und differenzierte Wahrnehmung von Armut und ihrer individuellen, familiären und sozialen Folgen sowie die Beschreibung dieser Entwicklung als breites gesellschaftliches Problemfeld sind vielmehr das Ergebnis des Engagements verschiedener Akteure und wichtiger sozial- und gesellschaftspolitischer Institutionen. Gemeint sind Einzelinitiativen auf kommunaler Ebene, Initiativen der Freien Wohlfahrtspflege und verschiedener Institutionen aus dem Bereich der Gewerkschaften. Insbesondere die Spitzenverbände der Freien Wohlfahrtspflege und die Gewerkschaften übernehmen innerhalb des deutschen Politiksystems jeweils für sich ganz eigene Funktionen und Aufgaben, um gesellschaftliche Entwicklungen zu erfassen, Interessen aufzunehmen und im Rahmen von politischen Meinungsbildungs- und Entscheidungsprozessen öffentlich zu machen und zu vertreten. So sind sie zum einen Seismographen für gesellschaftliche Veränderungen und zum anderen mit formalen, grundgesetzlich geschützten Rechten ausgestattete Interessenorganisationen im vorpolitischen Raum. Dies spiegeln auch die bislang erstellten bundesweiten Armutsberichte der Wohlfahrtsverbände und des Deutschen Gewerkschaftsbundes, die allerdings die Frage der Armut von Kindern und Jugendlichen nur am Rande thematisiert haben.[2]

Gleichzeitig gibt es mittlerweile eine fundierte und sehr differenzierte Kindheits- und Jugendforschung, die insbesondere Fragen der Sozialisation, der individuellen Entwicklung

---

1 Eine zweite zentrale Aussage war, daß Kinderarmut ein eigenes Phänomen in Abgrenzung zur Erwachsenenarmut sei. Zu Umfang, Formen und Folgen von Kinderarmut wurden jedoch nur allgemeine Hinweise und Orientierungen gegeben.

2 Vgl. die Armutsuntersuchungen des Deutschen Caritasverbandes (vgl. Hauser/Hübinger 1993), die Arbeiten des Deutschen Gewerkschaftsbundes (DGB) in Kooperation mit dem Paritätischen Wohlfahrtsverband (DPWV) (vgl. Hanesch u. a. 1994) sowie die Untersuchung von Caritasverband und Diakonischem Werk in den neuen Bundesländern (vgl. Deutscher Caritasverband/Diakonisches Werk 1997). Ein neuer Bericht des DGB/DPWV befand sich zum Zeitpunkt der Drucklegung des vorliegenden Berichtes kurz vor dem Abschluß.

sowie des gesellschaftlichen Umgangs mit diesen Lebensphasen erforscht. Regelmäßig durchgeführte Repräsentativstudien geben Auskunft zu den Perspektiven, Erwartungen und Einstellungen von älteren Kindern und Jugendlichen. Die Kinder- und Jugendberichte der Bundesregierung skizzieren den Erkenntnisstand und geben Hinweise auf Entwicklungs- und politischen Handlungsbedarf. Nicht zuletzt die Erkenntnisse aus einer breiten Praxisforschung zur Kinder- und Jugendhilfe thematisieren sich verändernde Bedarfe von Kindern und Jugendlichen. Sie weisen davon abgeleitet auf erforderliche individuelle, familiäre und öffentliche Betreuungs- und Unterstützungsformen hin. Gleichwohl war noch Mitte der neunziger Jahre ein weißer Fleck bezüglich der Fragestellung „Armut von Kindern und Jugendlichen“ sowohl in der Armuts- als auch in der Kindheits- und Jugendforschung festzustellen.

Die skizzierten „Defizite“ in Wissenschaft, Praxis und Sozialpolitik waren im Jahr 1996 für den Bundesverband der Arbeiterwohlfahrt und das Institut für Sozialarbeit und Sozialpädagogik der Anstoß, dringenden Forschungs-, Handlungs- und Entwicklungsbedarf für diese Thematik zu konstatieren und gemeinsam Überlegungen anzustellen, sich mit dem Thema näher zu befassen. Das besondere Interesse sollte sich auf Themenstellungen wie Bedeutung, Folgen und Bewältigung von Armut sowie Wahrnehmung und Umgang mit der Problematik innerhalb der Kinder-, Jugend- und Familieneinrichtungen der AWO richten.

1.3 Anlage und Organisation der Studie

Daran orientiert entwickelte das ISS im Auftrag des AWO-Bundesverbandes die Untersuchungskonzeption für die AWO-ISS-Studie „Lebenslagen und Lebenschancen von (armen) Kindern und Jugendlichen“. Dieser stimmten der Bundesverband und alle Landes-/Bezirksverbände der AWO einhellig zu und stellten zusammen die benötigten Forschungsmittel zur Verfügung. Im September 1997 startete die auf drei Jahre angelegte Untersuchung.

Die AWO als einer der sechs bundesdeutschen Spitzenverbände der Freien Wohlfahrtspflege erfüllt innerhalb des deutschen Wohlfahrtsstaates eine Doppelfunktion – nämlich wirtschaftlich agierender Träger von sozialen Diensten und Einrichtungen sowie sozialpolitischer Akteur im Sinne eines Anwalts für soziale Schwächere zu sein –, die sich auf die Zielorientierungen der Studie auswirkt. Neben der Verbesserung der Verbandsarbeit und der fachlichen Weiterentwicklung war es von Anfang an deshalb genauso ein Ziel, mit Hilfe der Studie politische Entscheidungen im Sinne der Betroffenen mit zu beeinflussen (vgl. Abbildung 1).

Besonderes Merkmal der Studie ist weiterhin, daß es sich bei der Untersuchung um eine bundesweite Studie des ISS in Kooperation mit der AWO als Gesamtverband handelt. Die AWO stellte sich als Verband mit allen relevanten Einrichtungen respektive Fachkräften als Forschungsgegenstand und zugleich als aktiv Beteiligte im Rahmen der empirischen Erhebungen zur Verfügung. Es wurden nicht nur Daten und das Wissen der Praxis durch die Träger und MitarbeiterInnen bereitgestellt, sondern umgekehrt auch die Fachkräfte für die bisher wenig beachtete Problematik „Armut von Kindern und Jugendlichen“ sensibilisiert. Es ging also immer auch darum, bereits während und mit der Studie innerverbandliche Diskussions- und Qualifizierungsprozesse zu befördern.

Abb. 1: Ziele des Verbandes im Zusammenhang mit der AWO-ISS-Studie

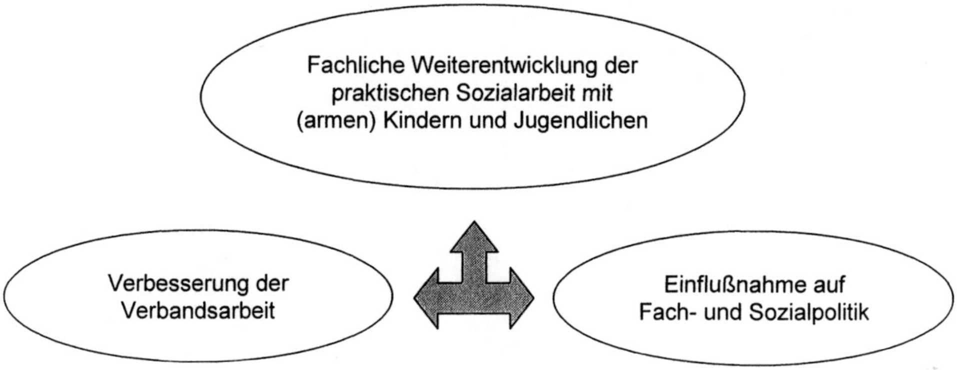

Die AWO-ISS-Studie ist im allgemeinen Kontext der Verbände- und Armutsforschung in ihrer Anlage und Ausgestaltung insofern hervorzuheben, daß sie als konstitutives Element des Forschungsdesigns eine enge und aktive Kooperation sowie aufeinander abgestimmte Aufgabenverteilungen zwischen der Arbeiterwohlfahrt und all ihren Gliederungen einerseits und dem ISS als beauftragten Institut andererseits hat.

Entsprechend der Verbandsorganisation waren eingebunden:

- Der AWO-Bundesverband als Auftraggeber der Studie
  Durch Beschluß der Geschäftsführerkonferenz, dem gemeinsamen Beschlußgremium der Geschäftsführungen der AWO-Landes- und Bezirksverbände und des AWO-Bundesverbandes, haben sich alle Landes-/Bezirksverbände verpflichtet, das Vorhaben mitzutragen. Damit erhielt die Studie den Status einer Verbandsstudie und erfolgte mit Unterstützung aller Gliederungen.

- Die 29 AWO-Bezirks- und Landesverbände[3]
  Diese können regional unterschiedlich sowohl Einrichtungsträger als auch spitzenverbandlich tätig sein. Sie gewährleisteten den Zugang zu den unteren Gliederungen (das heißt Kreisverbände, Ortsvereine).

---

3 Insbesondere in Nordrhein-Westfalen findet sich darüber hinaus die Gliederungsebene „Unterbezirk", die zwischen Kreis- und Bezirksebene angesiedelt ist.

Abb. 2: Kommunikations- und Kooperationsstruktur der AWO-ISS-Studie

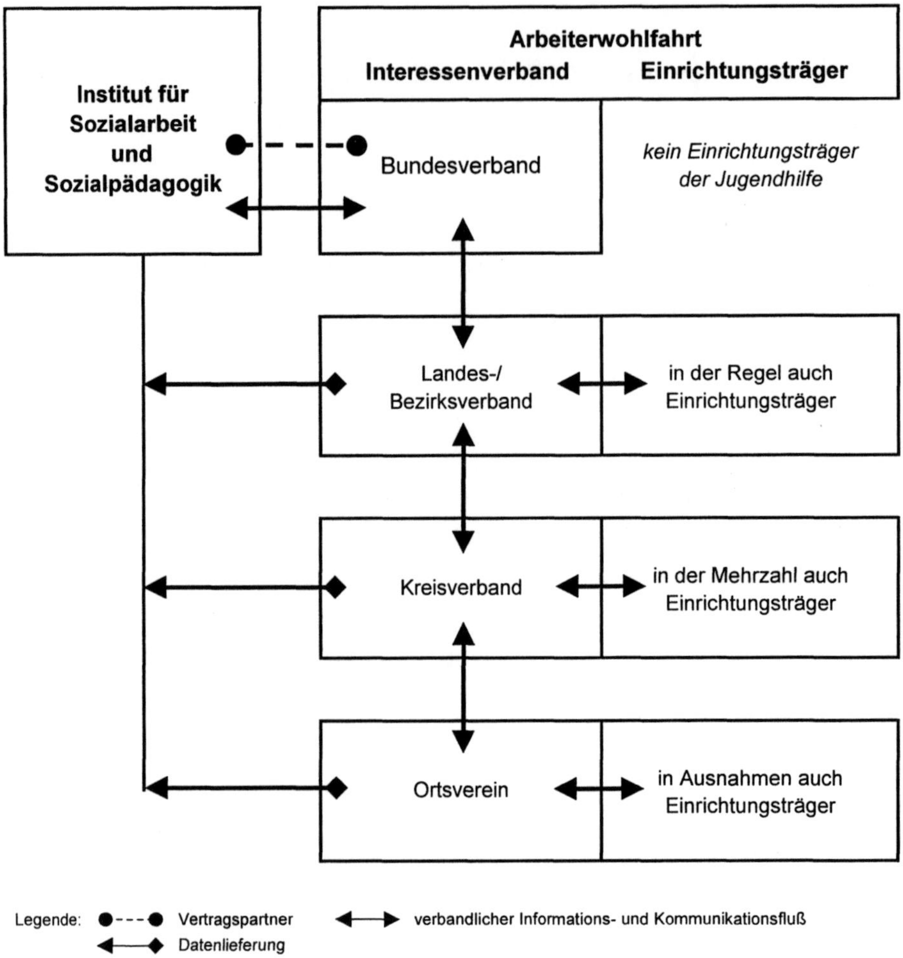

- Die 475 AWO-Kreisverbände und rund 3.900 Ortsvereine
  Träger von Einrichtungen, Projekten und Angeboten für Kinder und Jugendliche sind in der Regel die Bezirks- und Kreisverbände. Regional sehr unterschiedlich – begründet durch gewachsene Strukturen und durch unterschiedliche Geschäftspolitik der selbständigen Gliederungen – können aber auch Ortsvereine oder Landesverbände Einrichtungsträger sein. Diese Heterogenität bildete die Rahmenbedingung für die Untersuchung, insbesondere für den ersten Erhebungsschritt: die Einrichtungsbefragung.

- Das AWO-Bundesjugendwerk
  Darüber waren weiterhin eingebunden 15 Landes- und 17 Bezirksjugendwerke, die sich wiederum in Kreis- und Ortsjugendwerke untergliedern.
  Das Jugendwerk ist der Kinder- und Jugendverband der AWO. Zu den Angeboten des

Jugendwerkes gehören Kinder- und Jugendgruppen, Seminare, Ferienfreizeiten, Jugendreisen und internationale Begegnungen. Mit Ausnahme der hauptamtlich besetzten Geschäftsstellen auf Bundes-, Landes- und Bezirksebene wird die Arbeit der Jugendwerke ehrenamtlich getragen.

Prägend für die Organisation des Forschungsvorhabens und eine besondere Herausforderung für das Projektmanagement war die Einbindung des gesamten Verbandes mit allen Ebenen, um über die Einrichtungen einen Zugang zur Zielgruppe „Kinder und Jugendliche" zu erhalten und das Praxiswissen zur Thematik „Armut bei Kindern und Jugendlichen" umfassend erforschen zu können. Faktisch war damit der Gesamtverband quasi ebenfalls Projektpartner des ISS. Dies war ein entscheidender Grund für die Installierung einer AWO-ISS-Koordinationsgruppe und eines Netzes aus AnsprechpartnerInnen in allen Bezirks- und Landesverbänden (vgl. zu Details und Mitgliedern Anhang 2). In Abbildung 2 sind die Kommunikations- und Kooperationsstrukturen zwischen allen Beteiligten grob aufgezeichnet.

Daneben galt es, bei der skizzierten Aufgabenverteilung innerhalb der AWO sowie zwischen Verband und ISS eine zentrale wie ebenso allgemeine Bedingung für Forschung zu gewährleisten: die Distanz und Unabhängigkeit des beauftragten Forschungsinstitutes gegenüber dem Projektpartner/Auftraggeber.

1.4 Forschungsschwerpunkte und -phasen

Ausgehend von den zu Anfang des Projektes festgestellten Forschungsdefiziten und den grundsätzlichen Zielen des Vorhabens haben sich die folgenden beiden Forschungsschwerpunkte als zentral herauskristallisiert:

1. Die Bedeutung und Folgen des Problems Armut bei Kindern und Jugendlichen
2. (Individuelle und gesellschaftliche) Armutsbewältigung

Diese wurden in unterschiedlicher Intensität in allen Untersuchungsschritten thematisiert. Sie bilden den roten Faden der verschiedenen Teilstudien und Untersuchungsphasen (siehe unten).

Zum ersten Schwerpunkt gehören unter anderem folgende Untersuchungsfragen: a) Welchen Umfang hat Kinder- und Jugendarmut (Armutsquoten, ...)? b) Wie ist die Struktur der Betroffenen (Alter, sozialstrukturelle Gruppen, ...)? c) Wie muß an das Thema herangegangen werden (Frage des Armutskonzeptes)? d) Welche Erscheinungsformen und -folgen hat Armut? e) Wie sind diese verteilt, beziehungsweise wie häufig kommen diese vor? Und schließlich f) Welche Zukunftschancen und -perspektiven für die Betroffenen ergeben sich daraus?

Innerhalb des zweiten Schwerpunktes wurden folgende Untersuchungskomplexe behandelt: a) Subjektives Erleben der Betroffenen, b) Copingstrategien der Eltern, c) Copingstrategien der Kinder/Jugendlichen, d) Rolle der gesellschaftlichen Rahmenbedingungen und des Sozialstaats, e) Rolle der Hilfeinstitutionen und Rolle des privates Umfeldes und schließlich f) Resultierender Handlungsbedarf.

Diese Fragen respektive Untersuchungskomplexe wurden im Rahmen von Sekundäranalysen, Expertisen und vor allem eigenen Erhebungen bearbeitet. Tabelle 1 gibt hierüber einen Überblick; der dreiphasige Forschungsprozeß selbst wird im folgenden näher beschrieben.

Phase 1 „Vorbereitungsphase": Aufarbeitung des Standes der Forschung zur Lebenssituation von armen Kindern und Jugendlichen und Analysen von Experteninterviews mit Fachkräften der AWO zu den „Erscheinungsformen von Armut" mit dem Ziel, zum einen wichtige Forschungslücken zu eruieren und zum anderen eine „kindgerechte" (und praxistaugliche) Definition von Armut zu entwickeln. Nicht zuletzt erwies es sich als sinnvoll, überhaupt erst einmal eine „Literaturdokumentation" zum Thema zu erstellen.[4]

Im weiteren sollte das Problem Armut – die Bedeutung von Armut und der Umgang mit Armut – aus der Einrichtungsperspektive respektive der Perspektive der Fachkräfte behandelt werden **(Phase 2: „Einrichtungsbezogene Phase")**. In einer verbandsweiten und in dieser Form für den Gesamtverband erstmaligen Aktion wurden Anfang 1998 zunächst alle in Frage kommenden Einrichtungen, Angebote und Dienste der AWO, die direkt oder indirekt mit Kindern und Jugendlichen arbeiten, erfaßt. Anschließend wurden vornehmlich die Leitungskräfte mit einem Fragebogen nach den NutzerInnen, dem Umfeld der Einrichtung, der Armutsbetroffenheit der NutzerInnen sowie zu ihrer persönlichen Wahrnehmung von Armut befragt. Ein weiterer Fragenblock behandelte die individuellen, institutionellen und verbandlichen Umgangsweisen mit Armut und Armutsfolgen bei Kindern und Jugendlichen (vgl. Kapitel 6 und Band 2).

Phase 3 „Klientenbezogene Phase": Hier richtete sich das Augenmerk auf die Formen und Folgen von Armut bei ausgewählten Gruppen von Kindern und Jugendlichen. Erneut spielten die Schwerpunkte „Bedeutung von Armut" und „Umgang mit Armut" die entscheidende Rolle, nun aber aus der individuellen Perspektive.

Zunächst erfolgte eine Akzentuierung im Hinblick auf eine Altersgruppe, die innerhalb der AWO und allgemein bei den Wohlfahrtsverbänden sehr große Bedeutung hat: die Vorschulkinder. Die Auseinandersetzung mit dem Problem **„Armut im Vorschulalter"** stellt das Herzstück der AWO-ISS-Studie dar.

---

4 Diese Literaturdokumentation findet sich in Band 1.

Tab. 1: Übersicht über die Untersuchungsabschnitte und Forschungsfragen im Rahmen der AWO-ISS-Studie

Fragen/Inhalt		**Untersuchungsabschnitte** (✓) = mitthematisiert, ✓ = zentral, ki = Schwerpunkt Kinder, ju = Schwerpunkt Jugendliche						
		Sekundäranalysen	**Experten-interviews**	**Einrichtungs-befragung**	**Armut im Vorschulalter** **Fallstudien**	**Armut im Vorschulalter** **Klientendaten-erhebung**	**Jugendliche: Scheitern im Übergang Schule – Beruf** **Sekundär-analysen**	**Jugendliche: Erfolgreiche Wege aus der Armut** **Fallstudien**
(1) Bedeutung und Folgen von Armut	Umfang des Problems	✓	(✓)	(✓)		✓ **ki**	✓ **ju**	
	Struktur der Betroffenen	✓	(✓)			✓	✓	
	Frage der Perspektive/Armuts-konzept	✓		(✓)	✓	✓	✓	(✓)
	Erscheinungsformen/Armuts-typen	(✓)	✓	(✓)	✓ **ki**	✓	✓	(✓)
	Zukunftschancen				✓	(✓)	✓	✓
(2) Bewältigung von Armut	Subjektives Erleben				(✓)			✓ **ju**
	Coping Eltern				✓			✓
	Coping Kinder/Jugendliche				(✓)			✓
	Rolle Gesellschaft/Sozialstaat				✓		(✓)	✓
	Rolle Hilfsinstitutionen		(✓)	✓	✓	✓	(✓)	✓
	Rolle privates Umfeld				✓			✓
	Handlungsbedarf		(✓)	(✓)	✓	(✓)	(✓)	✓

Es wurden eine qualitative und eine quantitative Erhebung durchgeführt, um das Thema sowohl anhand von Fallbeispielen individuell sichtbar und allgemein „faßbar“ zu machen als auch durch eine große Zahl von Fällen abgesicherte Ergebnisse liefern zu können (vgl. Kapitel 4 sowie Band 3 und 4). Der Zugang zu den Kindern und ihren Familien wurde über die Kindertagesstätten der AWO gewählt. Auf diese Weise ließen sich sowohl die vor Ort vorhandenen guten Kontakte zu den Familien nutzen als auch ein gezielter und damit erfolgreicher Zugang zu armen Familien erwirken. Das Ziel des ISS, gerade auch solche Familien zu erreichen, die sich ansonsten nicht an Befragungen beteiligen würden, konnte über das gewählte Verfahren realisiert werden. Darüber hinaus gewährleistete die gewählte Vorgehensweise erneut, vielfältige Impulse für eine intensive Diskussion des Problems innerhalb der Mitarbeiterschaft der Kindertagesstätten zu verankern.

Neben den Vorschulkindern widmete sich die AWO-ISS-Studie in einem letzten Erhebungsschwerpunkt **„Jugendlichen im Übergang von der Schule zum Beruf“** (vgl. Kapitel 5 und Band 5). Damit gelangte diejenige Altersgruppe in den Blickpunkt, bei der familiäre Armut schon im Ergebnis beziehungsweise in ihren längerfristigen Folgen untersucht werden kann. Es wurden zum einen negative Verläufe beziehungsweise die Verstetigung von Armut thematisiert. Zum anderen wurden anhand von biographischen Fallstudien vorrangig Wege aus der Armut untersucht. Mit der Konzentration auf die positiven Wege sollte bewußt ein Kontrapunkt zur derzeitigen Daten- und Forschungslage zum Thema „Armut im Jugendalter“ gesetzt werden, denn die Sichtung der Materialien hatte gezeigt, daß fast ausschließlich Abstiegskarrieren beziehungsweise negative Lebensverläufe Betroffener von Öffentlichkeit, Politik und Praxis zum Thema gemacht werden.

Alle Untersuchungsteile, die in den insgesamt fünf (Zwischen-)Berichten zur Studie ausführlich in ihrer Anlage und ihren Ergebnissen beschrieben sind, sind in diesem Band in „Kurzform“ dokumentiert, um sie möglichst vielen Interessierten zugänglich zu machen und die wichtigsten Ergebnisse vorzustellen. Die fachliche und politische Diskussion um „Kinderarmut“, ihre Bedeutung und Bewältigung, aber auch weitere Forschungsvorhaben sollen damit eine fundiertere Grundlage erhalten.

Literatur

Brinkhoff, Klaus-Peter (1996): Kindsein ist kein Kinderspiel. Über die veränderten Bedingungen des Aufwachsens und notwendige Perspektiverweiterungen in der modernen Kindheitsforschung, in: Mansel, Jürgen (Hg.): Glückliche Kindheit – Schwierige Zeit? Über die veränderten Bedingungen des Aufwachsens, Opladen, S. 25-39.

Bundesministerium für Familie, Senioren, Frauen und Jugend (Hg.) (1998): Zehnter Kinder- und Jugendbericht: Bericht über die Lebenssituation von Kindern und die Leistungen der Kinderhilfen in Deutschland, Bonn.

Deutsche Shell (Hg.) (2000): Jugend 2000. 13. Shell-Jugendstudie, Opladen.

Deutscher Caritasverband; Diakonisches Werk (Hg.) (1997): Menschen im Schatten. Erfahrungen von Caritas und Diakonie in den neuen Bundesländern, Freiburg i. Br./Stuttgart.

Hanesch, Walter u. a. (1994): Armut in Deutschland. Der Armutsbericht des DGB und des Paritätischen Wohlfahrtsverbandes, Reinbek bei Hamburg.

Hauser, Richard; Hübinger, Werner (1993): Arme unter uns. Teil I: Ergebnisse und Konsequenzen der Caritas-Armutsuntersuchung, herausgegeben vom Deutschen Caritasverband, Freiburg.

Hock, Beate; Holz, Gerda (1998): Arm dran?! Lebenslagen und Lebenschancen von Kindern und Jugendlichen (= Band 1), Frankfurt am Main.

Jugendwerk der Deutschen Shell (Hg.) (1997): Jugend '97. Zukunftsperspektiven. Gesellschaftliches Engagement. Politische Orientierungen, Opladen.

2 An der Lebenslage der Kinder orientiert – Armutsdefinitionen und Armutskonzept der Studie[5]

Kinderarmut wurde von der deutschen Armutsforschung der achtziger Jahre zunächst nicht als eigenständiges soziales Problem thematisiert. Das heißt, Kinder wurden allenfalls als Ursache von Familienarmut, als Angehörige von einkommensarmen und sozial benachteiligten Haushalten, nicht aber als eigenständige Subjekte in ihrer spezifischen Armutsbetroffenheit in den Blick genommen. Dies änderte sich erst im Laufe der neunziger Jahre, als Armut von Kindern und Jugendlichen – im Kontext der Sozialberichterstattung – primär in der Fachöffentlichkeit als zunehmendes Problemfeld zur Kenntnis genommen wurde. Einhergehend damit wuchs das Erkenntnisinteresse in der Armuts- und der Kindheitsforschung. In der Folge der gesamtgesellschaftlichen Diskussion um Kinderrechte und Kindeswohl (vgl. KJHG-Novellierung) einerseits und unterschiedlicher sozialwissenschaftlicher wie gesellschaftlicher Diskurse um Armutskonzepte läßt sich zum Ende der neunziger Jahre ein Perspektivenwechsel feststellen: Kinder werden als eigenständige (Rechts-)Subjekte wahrgenommen. Parallel dazu wird in den sozialwissenschaftlichen Disziplinen die Subjektperspektive, das heißt zum einen die Kindperspektive an sich sowie zum anderen die kindliche Wahrnehmung ihrer Lebenslage und die kindlichen Deutungs-, Bewältigungs- und Handlungsmuster, verstärkt zum Thema gemacht. Während die deutsche Kindheitsforschung (vgl. beispielsweise Zeiher/Zeiher 1998, Zinnecker u. a. 1996, Honig 1997a und b) einen solchen Ansatz seit langem propagiert, muß dieser Perspektivenwechsel erst in die sich langsam etablierende Armutsforschung zu Kindheit und Jugend eingehen.

Zunächst werden im folgenden Armutsdefinitionen und -konzepte vorgestellt, die in der deutschen Diskussion eine wichtige Rolle spielen (vgl. Kapitel 2.1). Im Anschluß daran wird das im Rahmen der AWO-ISS-Studie entwickelte und angewendete „kindgerechte(re)" Armutskonzept beschrieben.

2.1 Was ist Armut? Verschiedene wissenschaftliche Antworten

Es gibt keine absoluten, überall anerkannten und klaren Grenzziehungen dafür, wer nun als arm zu betrachten ist. Dies gilt zumindest für die Diskussion über Armut in „entwickelten" oder reicheren Staaten, in denen für die Grundbedürfnisse Essen/Trinken, Bekleidung und Wohnen gesorgt ist und somit über **absolute Armut** nicht mehr diskutiert werden muß.[6]

„Es gibt keine allgemeingültigen, objektiven, wissenschaftlich begründeten Kriterien, die festlegen, nach welchen Merkmalen Armut von Nicht-Armut zu unterscheiden ist ... Letztlich ist

---

5 Vgl. zur Entwicklung des Armutskonzeptes der Studie auch die Zwischenberichte (Band 1, 65-90, Band 3, 12-18, und Band 4, 8-20 und 32-39).

6 Vgl. zum Begriff der absoluten Armut unter anderem Piachaud 1992.

die Entscheidung willkürlich, welche Lebensverhältnisse wir als ‚arm' charakterisieren. Und so sind auch alle Aussagen über Existenz und Ausmaß von Armut in unserem Land im Prinzip beliebig." (Stiefel 1986, 251)

Armut wird, und darin unterscheiden sich die Definitionen und Ansätze nicht, relativ zu den Standards der jeweiligen Gesellschaft definiert. Diese Grenzziehungen sind immer – und seien sie auch noch so wohlbegründet – normativ, das heißt von Wertentscheidungen abhängig. Dies ist die „Willkürlichkeit", die in obigem Zitat beklagt wird.

Innerhalb des Spektrums von relativen Armutsbegriffen, die im folgenden behandelt werden sollen, kann man nochmals unterscheiden zwischen solchen, die als Bezugspunkt die Gesamtgesellschaft und deren soziale Normen haben (➔ politische Armutsgrenze, relative Einkommensarmut), und solchen, die sich auf sozial differenzierte Wahrnehmungen und Bewertungen von ungenügenden oder elenden Lebensverhältnissen beziehen (➔ schicht-, milieubezogene Armutsdefinitionen, subjektive Armut).

Zu unterscheiden ist weiterhin zwischen eindimensionalen Armutsdefinitionen, die sich rein auf das Einkommen beziehen, und mehrdimensionalen Konzepten, die auch andere Dimensionen – jenseits der materiellen – berücksichtigen. Abbildung 3 gibt einen Überblick über die unterschiedlichen hier vorzustellenden Konzepte. Ordnungskriterien sind folgende Fragen: ob sie (a) den eindimensionalen oder den mehrdimensionalen Ansätzen zuzuordnen sind, (b) wer letztendlich Armut definiert und schließlich (c) welchen Status demzufolge die Definition hat. Abbildung 3 soll bei den folgenden Ausführungen helfen, den Überblick zu bewahren. Sie soll klären helfen, wer die jeweilige Gruppe ist, die die (normative) Entscheidung beziehungsweise Festlegung trifft, wer als arm zu gelten hat und wer nicht. Des weiteren soll sie verdeutlichen, welche Entscheidungen vor einer Erhebung getroffen werden müssen und was sie implizieren. Dies sei an zwei Beispielen erläutert: Wählt man die politische Armutsgrenze (in Deutschland die Sozialhilfegrenze), so hat man sich nicht nur für eine eindimensionale Definition entschieden (vgl. Abbildung 3, links), sondern auch für eine Festsetzung, die die Definitionsmacht den PolitikerInnen und einigen ExpertInnen zuschreibt. Entscheidet man sich hingegen für eine subjektive Armutsdefinition, so stellt man den einzelnen und seine subjektive Wahrnehmung in den Mittelpunkt.

Abb. 3: Eindimensionale und mehrdimensionale Armutskonzepte – Wer definiert? Welchen Status haben sie?

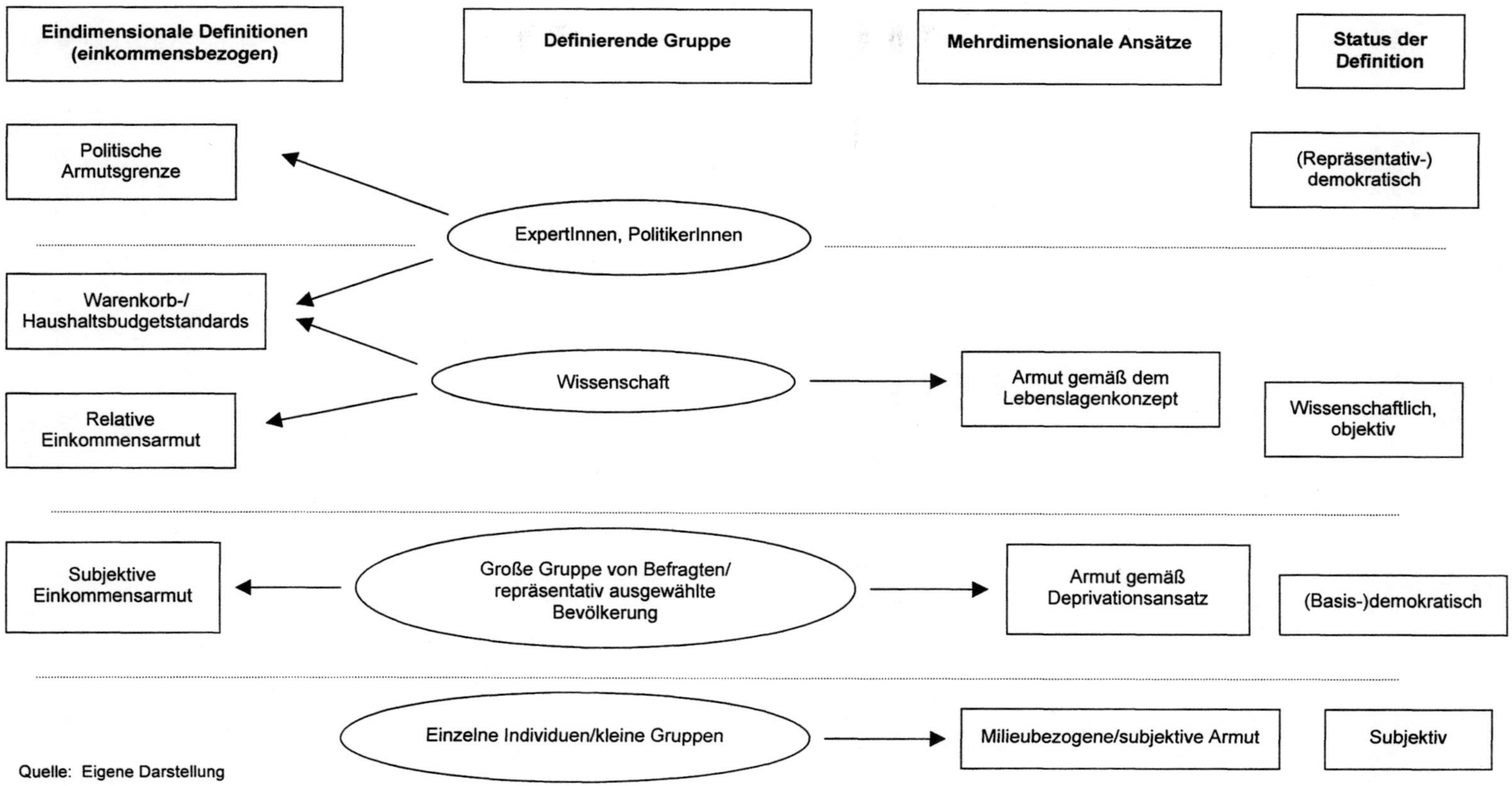

Quelle: Eigene Darstellung

Eindimensionale Armutsmaße – Armut als Mangel an Einkommen

Viele empirischen Studien beschränken sich darauf, das Unterschreiten einer bestimmten Einkommensschwelle als Armut zu bezeichnen. Man kann diese Schwelle auf unterschiedliche Weise festsetzen.

Warenkorb- oder Haushaltsbudgetstandards

Einmal kann man bestimmte Bedarfe pro Person oder Haushalt festlegen, die in jedem Falle für ein menschenwürdiges Leben in der jeweiligen Gesellschaft als notwendig erachtet werden, und diese dann mit Preisen bewerten. Diese sogenannten Warenkorb- oder Haushaltsbudgetstandards beruhen auf den Urteilen von ExpertInnen. Sie beziehen neben physiologischen auch soziale und kulturelle Bedürfnisse in die Konstruktion ihrer Standards mit ein. Problematisch werden solche Standards spätestens dann, wenn die Experten bestimmte Waren beziehungsweise Ausgaben für diese als nicht notwendig erachten, sie aber in der betreffenden Bevölkerungsgruppe durchaus konsumiert werden. Dann steht für die Erfüllung der Grundbedürfnisse unter Umständen nicht mehr genug Geld zur Verfügung. Die preisliche Bewertung der Bedarfsgegenstände stellt ein weiteres Problem dar (vgl. Piachaud 1992, 69).

Politische Armutsgrenzen

Lange Zeit (bis 1990) waren solche Warenkörbe die Basis der Berechnung der Sozialhilfegrenze, der deutschen politischen Armutsgrenze, auf die sich viele ArmutsforscherInnen beziehen. Heute orientiert sich der Sozialhilfebedarf allerdings an den Konsumausgaben unterer Bevölkerungsgruppen (sogenanntes Statistikmodell, vgl. zum Beispiel Dietz 1997, 92-95).

Das staatlich festgesetzte Existenzminimum als politische Armutsgrenze bietet – unabhängig davon, wie es berechnet oder festgesetzt wird – den ArmutsforscherInnen den Vorteil einer einfachen Definition und einer bereits vorhandenen Statistik. Weiterhin nehmen die mit der politischen Armutsgrenze arbeitenden SozialforscherInnen Bezug auf einen gesellschaftlich akzeptierten Schwellenwert[7], der von einem großen Teil der Bevölkerung mit Armut und Ausgrenzung in Verbindung gebracht wird.

Die politische Armutsgrenze hat jedoch den Nachteil, daß ihre Höhe auch abhängig ist von politischen Sparmaßnahmen. Würde die Sozialhilfe zum Beispiel um zehn Prozent gekürzt, so würde automatisch der Anteil der Armen sinken, ohne daß sich an deren Lage irgend etwas geändert hätte. Wer mit der Sozialhilfegrenze operiert, unterwirft sich ebenfalls durchaus „bedeutsamen Scheuklappen“ der politischen Definition: So gilt in Deutschland ein Haushalt beziehungsweise eine Person nicht als sozialhilfebedürftig (= arm), auch wenn durch Ver-

---

7 Während ArmutsforscherInnen in der Regel diejenigen Personen, die das staatliche Mindesteinkommen erhalten, als immer noch arm betrachten, sprechen PolitikerInnen häufig von „bekämpfter" Armut und äußern zumeist, daß die Unterstützungsempfängerlnnen ausreichend versorgt seien.

schuldung der „freie Einkommensrest“[8] deutlich unterhalb der Sozialhilfeschwelle liegt und damit eine Sicherung des Mindestbedarfs nicht mehr gewährleistet ist. Die Armut solcher überschuldeter[9] Haushalte wird – und dies ist nur ein Beispiel – als selbstverschuldet abgetan und nicht für unterstützungswürdig angesehen.

Problematisch ist die Verwendung des politischen Armutsbegriffs und entsprechender amtlicher Statistiken als Datengrundlage auch deshalb, weil dort nur die offiziell bekanntgewordene Armut erfaßt wird. Unwissen, Einkommensüberprüfungen, Regreß Verwandten gegenüber und Scham halten viele, die unter die offizielle Armutsgrenze fallen, davon ab, die ihnen zustehenden Leistungen zu beanspruchen. Eine neue Studie (Neumann/Hertz 1998) auf Basis des Sozioökonomischen Panels belegt, daß das Ausmaß verdeckter Armut erheblich ist: Auf 100 SozialhilfeempfängerInnen (HLU) kamen 1995 etwa 110 verdeckt Arme, solche Personen also, die ihre Ansprüche nicht einlösen und damit ein Leben unterhalb der politischen Armutsgrenze führen[10]. Vor allem größere Haushalte und Haushalte mit Kindern im allgemeinen nehmen die ihnen zustehende Sozialhilfe oft nicht in Anspruch (vgl. Neumann/ Hertz 1998, 9 und 65-69).

Relative Einkommensarmut

Die Nichterfassung der Verdeckt-Armen und die engen Grenzen politischer Existenzminima vermeiden solche WissenschaftlerInnen, die Armut im Verhältnis zum durchschnittlichen Einkommen definieren. Das Konzept der relativen Einkommensarmut definiert die Armutsschwelle als prozentualen Abstand zum durchschnittlichen Haushaltseinkommen des jeweiligen Landes. Am verbreitetsten ist die sogenannte 50-Prozent-Grenze. Sie wird im Bereich der Europäischen Union als relative Einkommensarmutsgrenze verwendet und macht so internationale Vergleiche möglich. Da diese Grenzziehung relativ willkürlich ist und keinen direkten Bezug zu Mindestbedarfen hat, werden teilweise in Studien mehrere Grenzen verwandt: Neben der 50-Prozent-Grenze sind dies dann meist die 40- und 60-Prozent-Grenze. Diese relativen Einkommensstandards[11] verlieren – im Gegensatz zu den oben angeführten Standards – nie den Bezug zur allgemeinen Wohlstandsentwicklung. Wächst der gesellschaftliche Reichtum, so bewegt sich auch die entsprechende Armutsgrenze nach oben. Dies führte verschiedene Autoren (vgl. Piachaud 1992 und Krämer 1997) zu der Frage, ob

---

8 Zur Verfügung stehendes Einkommen nach Abzug der Zahlungsverpflichtungen an die Kreditgeber.

9 Überschuldung liegt dann vor, wenn nach Abzug der fixen Lebenshaltungskosten (Miete, Energie, Versicherung, Lebensmittel etc.) der verbleibende Einkommensrest für die zu zahlenden Raten nicht mehr ausreicht.

10 In absoluten Zahlen bedeutet dies: Es gab 1995 in Westdeutschland etwa zwei Millionen verdeckt Arme, im Osten waren es etwa 650.000 Personen (vgl. Neumann/Hertz 1998, 9).

11 Um Einkommen von Haushalten verschiedener Größen vergleichen zu können, werden sogenannte Äquivalenzgewichte verwendet. Annahme hierbei ist, daß durch gemeinsame Haushaltsführung Kosten eingespart werden („economies of scale“). Deshalb wird das verfügbare Haushaltseinkommen nicht durch „Köpfe“ respektive die Anzahl der Haushaltsmitglieder, sondern durch die Summe von sogenannten Personengewichten geteilt. So erhält bei der inzwischen gängigen neuen OECD-Skala der Haushaltsvorstand das Gewicht 1, während andere Haushaltsmitglieder, die älter als 15 Jahre sind, das Gewicht 0,5 erhalten und Kinder (15 Jahre und jünger) das Gewicht 0,3. Diese – wie alle anderen Äquivalenzskalen – ist, wie die Prozent-Grenze selbst, letztlich normativ begründet.

die relativen Einkommensstandards überhaupt Armut oder nicht doch „nur“ soziale Ungleichheit messen. Daß durch die relative Einkommensarmut nicht nur soziale Ungleichheit erfaßt wird, läßt sich unter anderem dann entkräften, wenn man bei den Betroffenen Mangel (oder Deprivation) auch in anderen Lebensbereichen nachweisen kann (vgl. mehrdimensionale Konzepte).

Subjektive Einkommensarmut

Vor allem niederländische Forscher um Bernhard Van Praag haben die Frage der Grenzziehung an die Gesellschaftsmitglieder, die potentiell Betroffenen, zurückdelegiert. Im Rahmen von repräsentativen Befragungen sollen die Befragten für den eigenen Haushaltstyp angeben, welches Einkommen „gerade noch ausreicht“ sowie welches „noch ungenügend“ ist etc.[12]. Die Antworten werden dann genutzt, um (mittels relativ komplizierter mathematischer Verfahren) die Armutsgrenzen zu bestimmen. Diese von den normativen Vorstellungen von WissenschaftlerInnen und PolitikerInnen unabhängige, quasi demokratische Form der Grenzziehung scheint zunächst überzeugend. Es bestehen jedoch ernsthafte Zweifel, ob die ermittelte Grenze nicht eher etwas mit „subjektiver Subsistenzunsicherheit“ als mit Einkommensmindestbedarfen zu tun hat (vgl. Burkatzki 1995, 113-114).

Solche Armutsgrenzen beziehungsweise Armutsdefinitionen, die sich rein auf das Einkommen beziehen, sind den meisten WissenschaftlerInnen heute zu eindimensional. Erweiterte Armutsbegriffe werden konstruiert. Diese sind Gegenstand des nun folgenden Kapitels.

Mehrdimensionale Armutskonzepte

Das Konzept der Lebenslage

Das Konzept der Lebenslage wurde bereits von dem Nationalökonomen und Philosophen Otto Neurath in den dreißiger Jahren begründet. Für ihn war die Lebenslage *„... der Inbegriff aller Umstände, die verhältnismäßig unmittelbar die Verhaltensweise eines Menschen, seinen Schmerz, seine Freude bedingen. Wohnung, Nahrung, Kleidung, Gesundheitspflege, Bücher, Theater, freundliche menschliche Umgebung, all das gehört zur Lebenslage ...“* (Neurath, zitiert nach Glatzer/Hübinger 1990, 35)

Etwas konkreter wird in den fünfziger Jahren Gerhard Weisser, der zweite Stammvater des Lebenslagenansatzes. Er definiert Lebenslage als den *„... Spielraum, den einem Menschen (einer Gruppe von Menschen) die äußeren Umstände nachhaltig für die Befriedigung der*

---

12 Van Praag und andere fragen folgendermaßen: „Welches Haushaltseinkommen würden Sie – bezogen auf Ihre Haushaltsumstände – als ein ... ‚sehr schlechtes‘, ‚schlechtes‘, ‚noch ungenügendes‘, ‚gerade ausreichendes‘, ‚gutes‘, ‚sehr gutes‘ ... Einkommen ansehen? Als Bezugspunkt Ihrer Armutsgrenzdefinition dient der ‚hypothetische Betrag‘, der genau zwischen den Wohlfahrtsstufen ‚noch ungenügend‘ und ‚gerade ausreichend‘ liegt.“ (Burkatzki 1995, 47)

Interessen bieten, die den Sinn seines Lebens bestimmen" (Weisser, zitiert nach Glatzer/Hübinger 1990, 35).

Der Spielraum, der die Lebenslage bestimmt, beschränkt sich gemäß Lebenslagenansatz eben nicht auf Einkommen und Versorgung (Einkommens- und Versorgungsspielraum), dazu gehören auch die Spielräume, die dem einzelnen im Bereich Interaktion/Kooperation, Lernen/Erfahrung, Partizipation/Disposition sowie Muße/Regeneration zur Verfügung stehen (vgl. ausführlich Hübinger 1996, 64-65). In verschiedenen qualitativen Untersuchungen, genannt sei hier nur die beispielhafte Untersuchung von Klaus Lompe u. a. aus dem Jahr 1987, wurden diese Spielräume bei ausgewählten Gruppen (bei Lompe: Arbeitslose) im Detail beleuchtet.

Im Rahmen größer angelegter, quantitativ orientierter Untersuchungen werden folgende Einzelindikatoren für die Spielräume herangezogen:

- (verfügbares) Einkommen;
- Wohnsituation;
- schulische und berufliche Ausbildung;
- soziale Kontakte;
- Gesundheit und
- subjektives Wohlbefinden.

Diese Dimensionen sind es, die heutige (Lebenslage-)ForscherInnen auch in bezug auf benachteiligende Lebenslagen oder Armut untersuchen. Sie verweisen jedoch darauf (vgl. Hanesch u. a. 1994, 25), daß der Lebenslagenansatz noch kein fertiges Forschungskonzept darstellt, sondern eher eine bestimmte Sichtweise („ein allgemeines Paradigma") bezeichnet.

Mehrdimensionale Analysen werden zwar durchgeführt, und es wird auch definiert, was eine Problemlage im jeweiligen Bereich sein soll (vgl. hierzu Tabelle 2), aber zu einem konkreten Begriff von Armut – jenseits der relativen Einkommensarmut – gelangt das Konzept dabei nicht. Die problematische Frage der Gewichtung einzelner Lebensbereiche führt meist dazu, daß nur Einzeldimensionen betrachtet werden und mehr oder weniger unverbunden nebeneinanderstehen. Eine Erweiterung beziehungsweise eine gelungene Fortsetzung des Konzeptes stellt die Untersuchung der Häufung (= Kumulation) von objektiven und subjektiven Problemlagen dar, ein Ansatz, der unter anderem im „Datenreport" des Statistischen Bundesamtes zur Anwendung kommt (vgl. Statistisches Bundesamt 2000, 560-568). Auch das Vorgehen im Rahmen der AWO-ISS-Studie (vgl. Kapitel 2.2) setzt auf eine solche Vorgehensweise, die die Häufung von Problemlagen ins Zentrum der Betrachtung rückt.

Tab. 2: Die Operationalisierung von Problemlagen nach dem Lebenslagenansatz am Beispiel des „Datenreport 1999"

Lebensbereich	Problemlage
Objektive Problemlagen	
Einkommen	im untersten Zehntel (Dezil) der Einkommensverteilung
Wohnung	(1) weniger als ein Wohnraum (ohne Küche) pro Haushaltsmitglied (2) kein Bad innerhalb der Wohnung (3) kein Bad, keine Toilette und keine Zentralheizung
Bildung	kein beruflicher Ausbildungsabschluß
Sozialbeziehungen	alleinlebend und ohne enge Freunde
Gesundheit	dauerhaft krank oder behindert
Subjektive Problemlagen	
Einsamkeit	„oft einsam"
Ängste und Sorgen	„immer wieder Ängste und Sorgen"
Niedergeschlagenheit	„gewöhnlich unglücklich oder niedergeschlagen"

Quellen: Statistisches Bundesamt 2000, 561; Darstellung des ISS.

Relative Deprivation

In seinem Bemühen, ein objektives wissenschaftliches Armutsmaß zu finden, ließ sich der britische Soziologe Peter Townsend in den siebziger Jahren hingegen nicht von Gewichtungsproblemen abhalten. Er begreift Armut als *„die Abwesenheit wichtiger Ressourcen, die einem die Teilnahme an Aktivitäten und Gewohnheiten ... verunmöglicht, welche von einer Gesellschaft normalerweise geteilt werden"* (übersetzt nach Townsend 1979, 31).

Mit dieser Definition gibt er sich – wie die Lebenslageforschung – nicht mit einem Minimalkonzept zufrieden. Mittels eines umfassenden Ressourcenansatzes hat Peter Townsend im Rahmen einer großangelegten Armutsstudie[13] für Großbritannien versucht, *„einen Lebensstil zu bestimmen, der in einer Gesellschaft allgemein geteilt oder gebilligt wird, um herauszufinden, ob es in dieser Verteilung von Ressourcen eine Schwelle gibt, unterhalb derer es – bei Schwinden von Ressourcen – Familien besonders schwerfällt, an den Traditionen, Aktivitäten und Ernährungsgewohnheiten teilzuhaben, die den Lebensstil ihrer Gesellschaft ausmachen"* (Piachaud 1992, 70). Er setzte bei seinen empirischen Forschungen Verhalten (heute wohl eher: Lebensstil) mit Einkommen in Beziehung und versuchte, eine Einkommensgrenze zu bestimmen, die einen Wandel im Sozialverhalten provoziert.

In seiner Nachfolge haben vor allem Muffels sowie Mack/Lansley den Versuch wieder aufgenommen, *„einen minimalen Lebensstandard intersubjektiv in den Einschätzungen von reprä-*

13 Insgesamt wurden 1968/69 (!) etwa 10.000 Personen in 3.260 Haushalten in ganz Großbritannien interviewt (vgl. Townsend 1979, 94). Der (standardisierte) Fragebogen, den die Forschergruppe einsetzte, umfaßte 93 (!) Seiten (vgl. ders. 1979, 1084-1167).

sentativ befragten Mitgliedern der Gesellschaft zu begründen" (Lipsmeier 1995, 118), um normative Entscheidungen damit zu umgehen. Der notwendige Lebensstandard wird über die Einschätzung der Befragten eruiert: Nur wenn mehr als 50 Prozent der Befragten eine „Sache" (zum Beispiel Telefon, Berufsabschluß) für notwendig halten, gehört es zum notwendigen Lebensstandard (oder zu den „needs"); alle anderen Items sind in die Kategorie „Nichtnotwendigkeiten" oder „wants" einzuordnen (zum Beispiel einwöchiger Jahresurlaub, Kinderzimmer). Es gibt verschiedene Möglichkeiten, eine Armutsgrenze zu bestimmen. Mack/Lansley sprechen von Deprivation oder Armut, wenn aus finanziellen Gründen mindestens drei „Notwendigkeiten"[14] fehlen.

Milieubezogene und subjektive Armutskonzepte

Im Gegensatz zu den beiden anderen mehrdimensionalen Armutskonzepten haben milieubezogene und subjektive Armutskonzepte nicht den Anspruch, eine möglichst objektive, unangreifbare und allgemeingültige Definition von Armut zu entwickeln. Es geht im Gegenteil um die sozial differenzierte Wahrnehmung und Bewertung von Lebensverhältnissen (milieubezogener Armutsbegriff) oder gar um die ganz individuelle Wahrnehmung (subjektive Armut). Diese Konzepte sind eine notwendige Ergänzung der „objektivierenden" Ansätze, da sie zum einen die Sichtweise, aber auch daraus folgend die Handlungsperspektive des einzelnen ins Zentrum rücken beziehungsweise – im Falle der milieubezogenen Betrachtung – das Eingebettetsein in teilweise recht geschlossene Gruppen mit eigenen Normen und Gesetzen nicht verleugnen.[15]

2.2 Das Armutskonzept der AWO-ISS-Studie

Im Rahmen der AWO-ISS-Studie wurde der Anspruch formuliert, einen erweiterten, „kindgerecht(er)en" Armutsbegriff zu entwickeln und auch empirisch umzusetzen. Wie beim Lebenslagenansatz, der Armut als Unterversorgung und Benachteiligung in einem umfassenderen als dem rein ökonomischen Sinne begreift, kam es auch in diesem Forschungsvorhaben darauf an, einen mehrdimensionalen Zugang zu wählen. **Nicht nur die materielle Lage des Haushalts beziehungsweise der Familie des Kindes wurde in den Blick genom-**

---

14 In einer deutschen Erhebung aus dem Jahr 1994 gehörten zu den Notwendigkeiten: keine feuchten Wände, WC in der eigenen Wohnung, Bad oder Dusche in der Wohnung, Gas/Wasser/Strom bezahlen können, ausreichende Heizung, Berufsabschluß, Miete/Zinsen zahlen können, Waschmaschine, Radio, gesunder Arbeitsplatz, sicherer Arbeitsplatz, gesund leben, Altersversorgung, warme Mahlzeit und Telefon (vgl. Lipsmeier 1995, 59).

15 Die Vielschichtigkeit des Armutsbegriffs thematisierte schon im Jahre 1908 der Soziologe Georg Simmel: „Arm ist derjenige, dessen Mittel zu seinen Zwecken nicht ausreichen ... Jedes allgemeine Milieu und jede besondere soziale Schicht besitzt typische Bedürfnisse, denen nicht genügen zu können Armut bedeutet ... Dabei mag der, absolut genommen, Ärmste unter der Diskrepanz seiner Mittel zu seinen klassenmäßigen Bedürfnissen nicht leiden, so daß gar keine Armut im psychologischen Sinne besteht; oder der Reichste mag sich Zwecke setzen, die über jene klassenmäßig vorausgesetzten Wünsche hinausgehen, so daß er sich psychologisch als arm empfindet. So kann individuelle Armut – das Nichtzureichen der Mittel zu den Zwecken der Person – ausbleiben, wo ihr sozialer Begriff statthat, und sie kann vorhanden sein, wo von ihr im letzteren Sinne keine Rede ist." (Simmel 1908, 369)

men, sondern auch und vor allem die Lebenssituation und Lebenslage des Kindes selbst.

Die Leitfrage lautete: Was kommt (unter Armutsbedingungen) beim Kind an?

Zunächst wurden folgende **Grundbedingungen** eines „kindgerechten" Armutsbegriffes formuliert:

- Die Definition muß vom Kind ausgehen (kindzentrierte Sichtweise).
  Das heißt, die spezielle Lebenssituation der untersuchten Altersgruppe, die jeweils anstehenden Entwicklungen, aber auch die subjektive Wahrnehmung sind zu berücksichtigen.

- Gleichzeitig muß der familiäre Zusammenhang, die Gesamtsituation des Haushaltes, berücksichtigt werden.
  Noch viel weniger als Erwachsene leben Jugendliche und vor allem Kinder als Monaden. Vielmehr ist ihre Lebenssituation in den meisten Bereichen von der Lebenslage der Eltern direkt abhängig.

- Eine Armutsdefinition für Kinder und Jugendliche ist notwendig mehrdimensional.
  Eine rein auf das (Familien-)Einkommen bezogene Armutsdefinition geht an der Lebenswelt der Kinder vorbei. Die einbezogenen Dimensionen müssen geeignet sein, etwas über die Entwicklung und Teilhabechancen der betroffenen Kinder auszusagen.

- Gleichzeitig darf Armut von Kindern nicht als Sammelbegriff für benachteiligende Lebenslagen von Kindern verwendet werden. Nur wenn eine materielle Mangellage der Familie – nach definierten Armutsgrenzen – vorliegt, soll von Armut gesprochen werden.

Um die Entwicklungsbedingungen und Entwicklungsmöglichkeiten armer Kinder im obigen Sinne – insbesondere im Vergleich zu ökonomisch bessergestellten Kindern – bewerten zu können, wurden folgende Dimensionen im Rahmen der Studie berücksichtigt:

(1) Materielle Situation des Haushalts (**„familiäre Armut"**)	
(2-5) **Dimensionen der Lebenslage des Kindes**	
(2) **Materielle** Versorgung des Kindes	Grundversorgung, d. h. Wohnen, Nahrung, Kleidung; materielle Partizipationsmöglichkeiten
(3) „Versorgung" im **kulturellen** Bereich	z. B. kognitive Entwicklung, sprachliche und kulturelle Kompetenzen, Bildung
(4) Situation im **sozialen** Bereich	soziale Kontakte, soziale Kompetenzen
(5) **Psychische und physische** Lage	Gesundheitszustand, körperliche Entwicklung

Die angeführten fünf Dimensionen ermöglichen es, bezogen auf die kindlichen Lebensbedingungen den Spielraum der Entwicklungsmöglichkeiten und damit auch die Teilhabe- und Lebenschancen des Kindes einzuschätzen[16].

Der **Operationalisierung** dieses „kindgerechten" Armutskonzepts – wie sie in den empirischen Teilstudien erfolgte – liegen folgende Definitionen zugrunde:

- (Familiäre) Armut wird verstanden als die Unterschreitung einer relativen Einkommensgrenze. Armut ist damit definiert als relativ zum gesellschaftlichen Standard. Bezogen auf das Gesamteinkommen des Haushalts wird gemäß dem Konzept der relativen Einkommensarmut berechnet, ob dieser unter einer bestimmten (für diesen Haushaltstyp berechneten) Armutsschwelle bleibt. Die Armutsgrenze soll etwa bei 50 Prozent des durchschnittlichen Einkommens liegen.

- Zusätzlich zur materiellen Lage des Gesamthaushalts beziehungsweise der Familie wird ermittelt, ob beim Kind selbst materielle Armut vorliegt, das heißt, ob eine ausreichende materielle Grundversorgung beim Kind – wie beispielsweise adäquate Bekleidung und Ernährung – vorhanden ist.

- Neben der materiellen Dimension werden die kulturelle und die soziale Dimension von Armut miteinbezogen. Diese umfassen unter anderem sprachliche Kompetenzen, Arbeitsverhalten, soziale Kontakte, Sozialverhalten und Umgang mit Konflikten.

- Eine weitere Dimension ist der Gesundheitszustand. Grundlage bildet der WHO-Gesundheitsbegriff, demzufolge Gesundheit (vollständiges) körperliches, geistiges und soziales Wohlbefinden und nicht nur das Freisein von Krankheit und Gebrechen bedeutet. In diesem Sinne wurde beispielsweise bei der Erhebung „Armut im Vorschulalter" (vgl. Kapitel 4) auch die motorische und körperliche Entwicklung des Kindes in die Operationalisierung dieser Dimension miteinbezogen.

Für die Abgrenzung „armer Kinder" bedeutet dies: Von „Armut" wird immer und nur dann gesprochen, wenn „familiäre Armut" vorliegt, das heißt, wenn das Einkommen der Familie des Kindes bei maximal 50 Prozent des deutschen Durchschnittseinkommens liegt. Kinder, bei denen zwar Einschränkungen beziehungsweise eine Unterversorgung in den genannten Lebenslagedimensionen festzustellen sind, jedoch keine familiäre Armut vorliegt, sind zwar als „arm dran" oder als benachteiligt zu bezeichnen, nicht jedoch als „arm".

Die konkrete Lebenslage des Kindes/Jugendlichen und seine zukünftigen Lebenschancen sind von verschiedenen **Einflußfaktoren/-ebenen** abhängig. Im wesentlichen handelt es

---

16 Verschiedene Forschungsergebnisse aus den USA zu Armut von Kindern, die auf Längsschnitterhebungen basieren, weisen darauf hin, daß Armut als „Entwicklungsrisiko" zu begreifen ist. Armut gefährdet eine positive Entwicklung des Kindes. Dies gilt für die wesentlichen Entwicklungsbereiche: die Gesundheit, die kognitive und die sozio-emotionale Entwicklung und später die schulischen Leistungen (vgl. hierzu den Überblick in Mayr 1999).

sich dabei um die gesellschaftlichen Rahmenbedingungen, die Lebenssituation in der Familie, ihr familiäres (privates) Umfeld und soziale Netzwerke der Familie sowie Zugangsmöglichkeiten zu institutioneller professioneller Unterstützung.

- **Gesellschaftliche Rahmenbedingungen:** Ein wichtiger Faktor ist die Arbeitsmarktlage. Arbeitsplatzabbau und strukturelle Arbeitslosigkeit erhöhen das Armutsrisiko von Familien. Kinder und Jugendliche sind auf vielerlei Weise negativ von der Arbeitslosigkeit betroffen. Arbeitslosigkeit, insbesondere Langzeitarbeitslosigkeit ihrer Eltern, bedeutet materielle Einschnitte. Sie sind außerdem mit all den Folgeproblemen, die sich durch die Arbeitslosigkeit bei den Erwachsenen einstellen, direkt und indirekt konfrontiert (vgl. beispielsweise Neuberger 1997). Daneben beeinflussen sozial- und familienpolitische Regelungen und bestimmte Gesetze (zum Beispiel Asylgesetzgebung), aber auch die Bildungspolitik und ihre Umsetzung den konkreten Einzelfall.[17]

- **Lebenssituation in der Familie:** Nicht weniger bedeutsam sind die Ressourcen beziehungsweise die Probleme innerhalb der Familie. Wichtig sind neben dem Einkommen andere materielle Ressourcen wie Wohnsituation und Wohnumgebung, aber auch die sozialen und kulturellen Kompetenzen der Eltern, der Erziehungsstil, das Familienklima und die emotionale Zuwendung, die das Kind erhält (vgl. unter anderem Schneewind 1999, 141-143). Zu berücksichtigen sind auch die Familiengröße beziehungsweise Kinderzahl und der Familientypus.

- **Privates Umfeld/Netzwerk:** Ebenso sind (private) soziale Netze bedeutsam, die die Selbsthilfepotentiale der Familie stärken können. Freunde, Verwandte und Nachbarn können über private Hilfestellungen für Eltern und/oder Kinder vieles kompensieren und damit die Auswirkungen von Armut mildern helfen. Gleichzeitig kann das Umfeld (zum Beispiel über soziale Vergleiche) zu einer Verschärfung der Situation beitragen.[18]

- **Professionelle Unterstützung:** Des weiteren spielt eine Rolle, welche Zugangsmöglichkeiten zu professionellen institutionellen (Unterstützungs-)Angeboten bestehen. Eine große Bedeutung haben dabei die „Normalinstitutionen" Kindertagesstätten und Schulen, aber auch andere professionelle Hilfen für Kinder und Familien. Die Verbreitung, Ausgestaltung und Qualität solcher Einrichtungen bestimmen ganz wesentlich die Formen und Folgen von Armut mit.

Das **Armutskonzept der AWO-ISS-Studie** wird durch den Blick auf die (soeben beschriebenen) Einflußfaktoren und Dimensionen erweitert zu einem **umfassenden Lebenslagenkonzept** von Kindern und Jugendlichen (vgl. Abbildung 4). Obgleich weitere theoretische und vor allem empirische Entwicklungsarbeit mit und an diesem Konzept wünschenswert erscheint, ermöglicht es schon heute, die Lebenssituation armer und nicht-armer Kinder und

---

17 Vergleiche zur Relevanz der gesellschaftlichen Rahmenbedingungen für den Einzelfall die eindrücklichen Fallbeispiele in Band 3.

18 Auch hierzu finden sich in Band 3 interessante Beispiele.

Jugendlicher im Hinblick auf Entwicklungsmöglichkeiten, Sozialisationsbedingungen und damit auch ihre Teilhabe- und Lebenschancen besser zu erfassen und einzuschätzen als „traditionelle" erwachsenen-, haushalts- oder familienbezogene Konzepte.[19]

Abb. 4: Lebenslagen von (armen) Kindern und Jugendlichen – Einflußfaktoren und Dimensionen

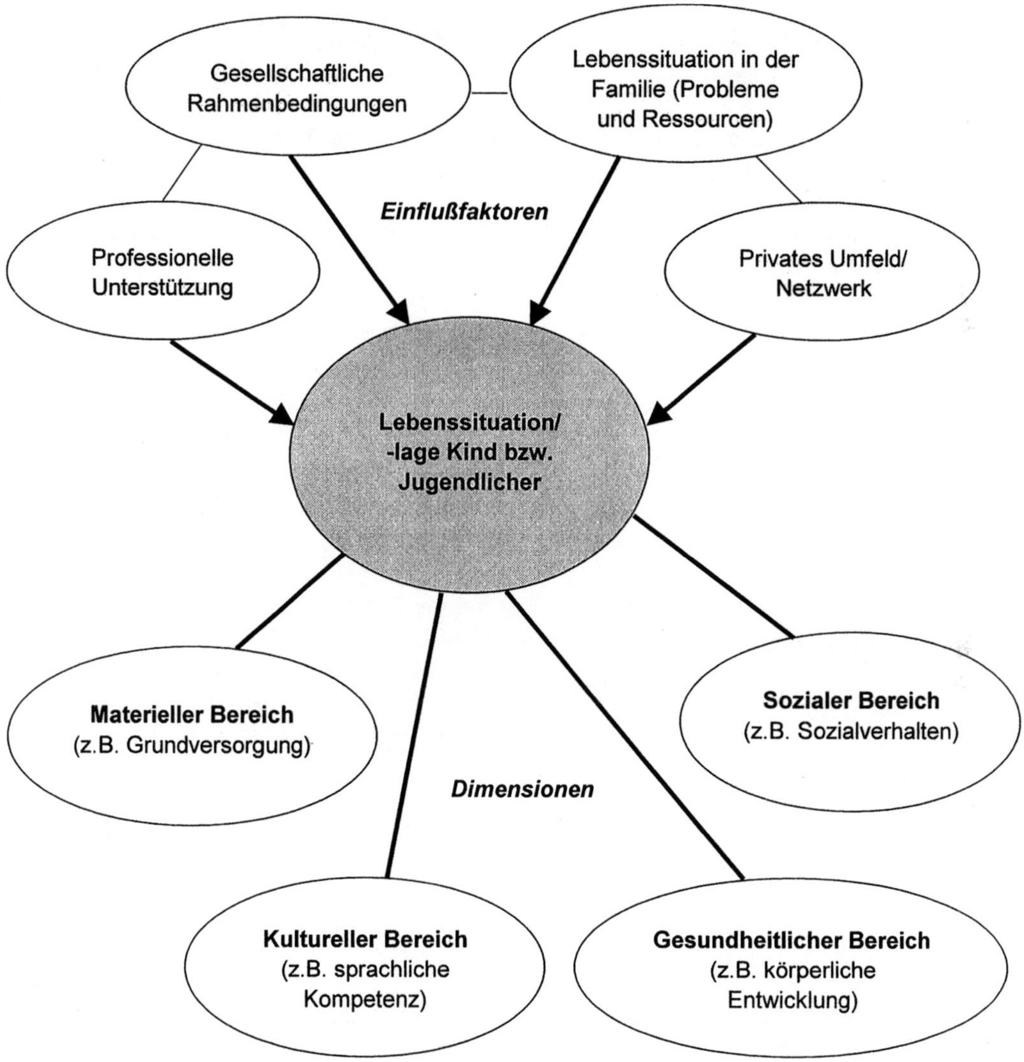

19 Im Rahmen einzelner Teilstudien wurde mit Lebenslagetypen („Wohlergehen", „Benachteiligung" und „Multiple Deprivation") gearbeitet. Diese werden an anderer Stelle erläutert (vgl. Band 3 und 4 sowie Kapitel 4).

Literatur

Burkatzki, Eckhard (1995): Subjektive Einkommensarmut in der Bundesrepublik Deutschland (West), unveröffentlichte Diplomarbeit an der Fakultät für Soziologie der Universität Bielefeld.

Dietz, Berthold (1997): Soziologie der Armut. Eine Einführung, Frankfurt am Main/New York.

Hock, Beate; Holz, Gerda (1998): Arm dran?! Lebenslagen und Lebenschancen von Kindern und Jugendlichen (= Band 1), Frankfurt am Main.

Hock, Beate; Holz, Gerda; Wüstendörfer, Werner (2000): Folgen familiärer Armut im frühen Kindesalter – Eine Annäherung anhand von Fallbeispielen (= Band 2), Frankfurt am Main.

Hock, Beate; Holz, Gerda; Wüstendörfer, Werner (2000): Frühe Folgen – langfristige Konsequenzen? Armut und Benachteiligung im Vorschulalter (= Band 3), Frankfurt am Main.

Honig, Michael-Sebastian (1997a): Entwicklungen in der Kindheitsforschung: Armut von Kindern, in: Diskurs, Heft 1/1997, S. 55-58.

Honig, Michael-Sebastian (1997b): Zwischen Schutz und Selbstbestimmung, in: Jugendpolitik, Heft 3/1997, S. 9-12.

Glatzer, Wolfgang; Hübinger, Wolfgang (1990): Lebenslagen und Armut, in: Döring, Dieter u. a. (Hg.): Armut im Wohlstand, Frankfurt am Main, S. 31-55.

Hübinger, Werner (1996): Prekärer Wohlstand. Neue Befunde zu Armut und sozialer Ungleichheit, Freiburg i. Br.

Krämer, Walter (1997): Statistische Probleme bei der Armutsmessung, Schriftenreihe des Bundesministeriums für Gesundheit, Band 94, Baden-Baden.

Lipsmeier, Gero (1995): Zur Messung von Armut: Das Konzept der relativen Deprivation, unveröffentlichte Diplomarbeit an der Fakultät für Soziologie der Universität Bielefeld.

Mayr, Toni (1999): Entwicklungsrisiken bei armen und sozial benachteiligten Kindern und die Wirksamkeit früher Hilfen, Manuskript, soll erscheinen in: Weiß, M.; Thurmair, M.; Naggl, M. (Hg.): Frühförderung mit Kindern und Familien in Armutslagen.

Neuberger, Christel (1997): Auswirkungen elterlicher Arbeitslosigkeit und Armut auf Familien und Kinder, in: Otto, Ulrich (Hg.): Aufwachsen in Armut, Opladen.

Neumann, Udo; Hertz, Markus (1998): Verdeckte Armut in Deutschland, Forschungsbericht des Instituts für Sozialberichterstattung und Lebenslagenforschung (ISL) im Auftrag der Friedrich-Ebert-Stiftung, Frankfurt am Main.

Piachaud, David (1992): Wie mißt man Armut?, in: Kölner Zeitschrift für Soziologie und Sozialpsychologie, Sonderheft 32/1992, S. 63-87.

Schneewind, Klaus A. (1999): Familienpsychologie, 2. Auflage, Stuttgart.

Simmel, Georg (1908): Soziologie. Untersuchung über die Formen der Vergesellschaftung, Leipzig, S. 345-374.

Statistisches Bundesamt (Hg.) (2000): Datenreport 1999. Zahlen und Fakten über die Bundesrepublik Deutschland, herausgegeben von Bundeszentrale für politische Bildung, Band 365, Bonn.

Stiefel, Marie-Luise (1986): Gibt es Armut in der Bundesrepublik?, in: Blätter der Wohlfahrtspflege, Heft 11/1986, S. 251-253.

Townsend, Peter (1979): Poverty in the United Kingdom. A Survey of Household Resources and Standards of Living, Harmondsworth.

Zeiher, Hartmut; Zeiher, Helga (1998): Orte und Zeiten der Kinder: Soziales Leben im Alltag von Großstadtkindern, Weinheim/Basel.

Zinnecker, Jürgen u. a. (1996): Kindheit in Deutschland. Aktueller Survey über Kinder und ihre Eltern, Weinheim/München.

3 Nur eine unbedeutende Minderheit? Zahlen zum Umfang von (Einkommens-)Armut bei Kindern und Jugendlichen[20]

Im folgenden Kapitel wird der Frage nachgegangen, welchen zahlenmäßigen Umfang (Einkommens-)Armut bei Kindern und Jugendlichen überhaupt hat. Einerseits soll damit die zahlenmäßige Bedeutung der im Rahmen der AWO-ISS-Studie untersuchten Zielgruppe bestimmt werden. Andererseits soll die Darstellung dazu dienen, der interessierten Öffentlichkeit eine Reihe der wichtigsten Daten zur Armutsbetroffenheit von Minderjährigen komprimiert zugänglich zu machen.

Der Blick richtet sich auf diejenigen Kinder und Jugendlichen, die – in Hinsicht auf das Einkommen ihrer Familie – im Vergleich zum Bevölkerungsdurchschnitt als arm gelten. Es geht also um Zahlen zu „relativer" Armut, das bedeutet zu Armut, die sich über die Lebensverhältnisse der gesamten Gesellschaft definiert, in der das Kind oder der Jugendliche lebt. Nur ein solch relativer Armutsbegriff ist für die Analyse von Armut, Ungleichheit und Ausgrenzung in entwickelten Ländern wie Deutschland tauglich (vgl. zu Armutskonzepten unter anderem Piachaud 1992 und Band 1, 65-73).

In Deutschland gibt es zwei mehr oder weniger anerkannte[21] Armutsschwellen: Dies ist zum einen die Sozialhilfeschwelle als politisch festgelegtes sozio-kulturelles Existenzminimum (vgl. Kapitel 3.2 und 3.3) und zum anderen die 50-Prozent-Grenze relativer Einkommensarmut (vgl. Kapitel 3.4), nach der als arm betrachtet wird, wer weniger als die Hälfte des durchschnittlichen, nach Haushaltsgröße gewichteten Einkommens zur Verfügung hat. Auch im europäischen Vergleich (vgl. Kapitel 3.1) wird Bezug auf letztere Schwelle genommen, um die Lebensbedingungen von Erwachsenen und Kindern in den einzelnen Mitgliedsstaaten zu analysieren. Die darauf beruhenden vergleichenden Zahlen bilden den Ausgangspunkt der folgenden Darstellungen. Im weiteren wird dann nur noch auf Deutschland Bezug genommen.

3.1 Kinderarmut in Deutschland im europäischen Vergleich

Armut von Kindern und Jugendlichen ist in einem Teil der Mitgliedsstaaten der Europäischen Union (zum Beispiel in Großbritannien und Irland) ein wesentlich breiter diskutiertes Thema als in Deutschland. Wie Abbildung 5 zeigt, läßt sich das zum Teil mit der höheren Betroffen-

---

20 In diesem Kapitel wurden die wichtigsten Zahlen zum Thema familiäre Armut zusammengetragen und zum Teil aktualisiert. Einige weitere Zahlen zur Armut von Kindern und Jugendlichen finden sich in Band 1 (43-54), Band 3 (8-11) und Band 4 (8-12).

21 Zu der über weite Strecken sehr kritischen Auseinandersetzung mit dem Konzept der relativen (Einkommens-)Armut vgl. unter anderem Bundesministerium für Arbeit und Sozialordnung (1999) und Krämer (1997).

heit erklären.[22] Gemäß den aktuellsten vorliegenden europäischen Zahlen lebte im Jahr 1995 etwa ein Fünftel der Kinder in Deutschland unter der Armutsschwelle[23]. Dies entspricht in etwa dem europäischen Durchschnittswert von 21 Prozent. Am deutlichsten weichen die Armutsquoten in Dänemark und Großbritannien von denen der übrigen Länder ab: Während in Dänemark nur etwa vier Prozent der unter Sechzehnjährigen in einem armen Haushalt leben, sind es in Großbritannien etwa 26 Prozent.

Die Quote der von Armut betroffenen Kinder in Europa liegt mit durchschnittlich 21 Prozent höher als die der Gesamtbevölkerung, die bei 17 Prozent liegt. Dies verdeutlicht, daß Kinderarmut in Deutschland, aber auch in den anderen europäischen Ländern ein Thema ist, das es politisch zu bearbeiten gilt.

Abb. 5: Armutsquoten von Kindern im europäischen Vergleich (Prozent der unter Sechzehnjährigen in armen* Haushalten) (1995)

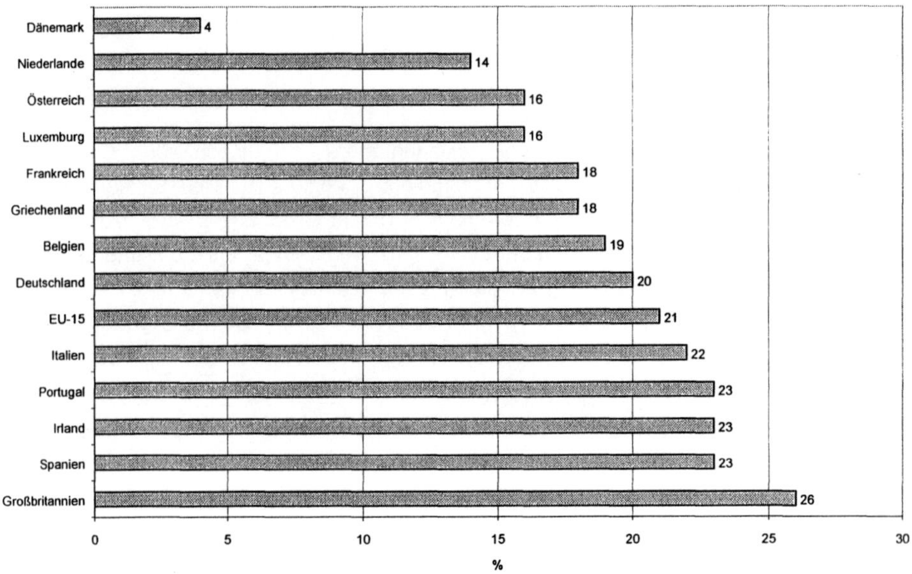

* Verwendet wurde für die Berechnung des Äquivalenzeinkommens (= nach Haushaltsgröße gewichtetes Einkommen) die neuere OECD-Skala. Die Grenzziehung erfolgte bei 60 Prozent des Medians (Näheres vgl. Quelle, 3-5).

Datenbasis: European Community Household Panel 1996.

Quellen: Office for Official Publications of the European Communities 2000, 75; eigene Darstellung.

---

22 Ältere Zahlen (von 1993) wiesen für die beiden Länder noch deutlich höhere Quoten aus (Großbritannien 32 Prozent und Irland 28 Prozent; vgl. EAPN 1998, 18); insgesamt war die Streuung der Quoten zwischen den EU-Ländern noch deutlich größer.

23 Diese wurde bei 60 Prozent des **Medianeinkommens** gezogen, was in etwa 50 Prozent des Durchschnittseinkommens und damit der gängigen Grenzziehung der deutschen Armutsforschung entspricht.

3.2 Sozialhilfebetroffenheit von Kindern und Jugendlichen

In Deutschland gibt – wie in anderen Ländern auch – der Anteil derer, die auf staatliche Mindestsicherung angewiesen sind, einen deutlichen Hinweis auf Personen, die von Verarmungsprozessen beziehungsweise Armut betroffen sind. Mit dem Anspruch auf Sozialhilfe ist hierzulande eine soziale Absicherung installiert, die das sozio-kulturelle Existenzminimum des einzelnen gewährleistet. Damit ermöglichen die Zahlen zum Leistungsbezug gemäß Bundessozialhilfegesetz (genauer: die Zahl der EmpfängerInnen von laufender Hilfe zum Lebensunterhalt) Aussagen darüber, wie hoch die Zahl der „Armen" beziehungsweise die Zahl derer ist, die bestenfalls ihr Existenzminimum sichern können. Die Sozialhilfestatistik wird deshalb auch herangezogen, um die Armutsbetroffenheit von Kindern und Jugendlichen zu dokumentieren.

Entwicklung im Zeitverlauf

Der Blick auf Zeitreihen ermöglicht es, Gruppen zu identifizieren, die von der gesellschaftlichen Entwicklung profitieren, oder zu bestimmen, welche Personen/-gruppen tendenziell zu den Verlierern zählen. Die Entwicklung der Sozialhilfequoten von (deutschen)[24] Kindern und Jugendlichen (vgl. Abbildung 6) sowie die Entwicklung der Anteile der Altersklassen in der Sozialhilfe (vgl. Abbildung 7) weisen aus, daß Kinder und Jugendliche respektive Haushalte mit Kindern tendenziell zu den Verlierern der gesellschaftlichen Entwicklungen der letzten Jahre zählen.

Während sich der Abstand zwischen der Gesamtquote und den (relativ höheren) Quoten von Schulkindern und Jugendlichen in den neunziger Jahren kaum verändert hat (vgl. die vier unteren Zeitlinien in Abbildung 6), ist der relative Anteil von Null- bis Sechsjährigen, die mit ihrer Familie auf Sozialhilfe angewiesen sind, in den neunziger Jahren überproportional gestiegen (vgl. oberste Linie in Abbildung 6).[25] Heute gilt im Gegensatz zu früher: Je jünger der Mensch, desto höher ist die Sozialhilfequote (vgl. Abbildung 7 und den nachfolgenden Abschnitt).

---

24 Durch die Einführung des Asylbewerberleistungsgesetzes im Jahr 1994 ist eine Zeitreihe für deutsche und ausländische SozialhilfebezieherInnen nicht sinnvoll.

25 Durch die Einführung des Erziehungsgeldes (Ende 1991), das nicht auf die Sozialhilfe angerechnet wird, dürfte sich allerdings die Situation zumindest der sozialhilfebeziehenden Familien mit bis zu zweijährigen Kindern verbessert haben.

Abb. 6: Sozialhilfequoten* verschiedener Altersgruppen 1980 bis 1998 (nur Deutsche) (Anteil an der Bevölkerung** gleichen Alters in Prozent)

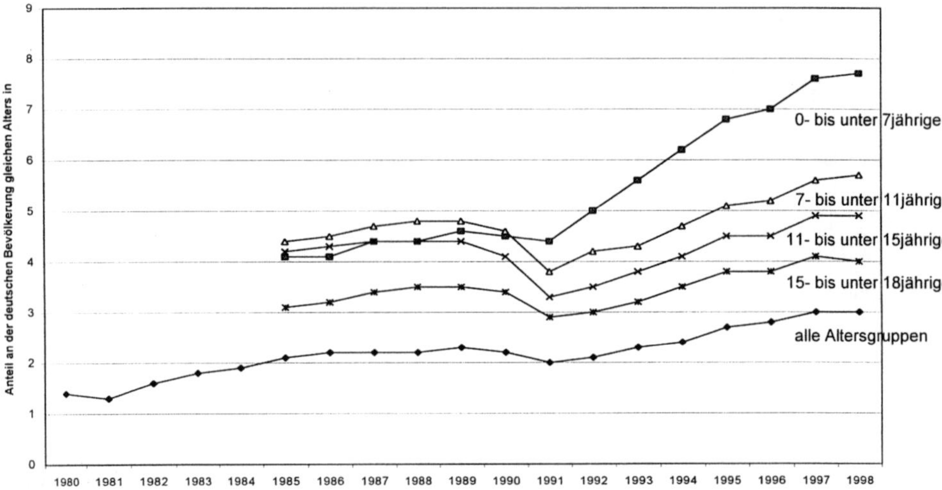

Anmerkung: Für die Zeitreihe werden aus Gründen der Vergleichbarkeit (Einführung des Asylbewerberleistungsgesetzes 1993) nur die deutschen BezieherInnen betrachtet. Die Zahlen berücksichtigen nur die sogenannte Laufende Hilfe zum Lebensunterhalt (HLU) außerhalb von Einrichtungen. Die Zahlen von 1980 bis 1990 beziehen sich auf das frühere Bundesgebiet, ab 1991 auf Deutschland insgesamt.

Quellen: Statistisches Bundesamt 1999; eigene Darstellung.

Abb. 7: Anteil der Altersklassen in der Sozialhilfe* 1965, 1980 und 1998**

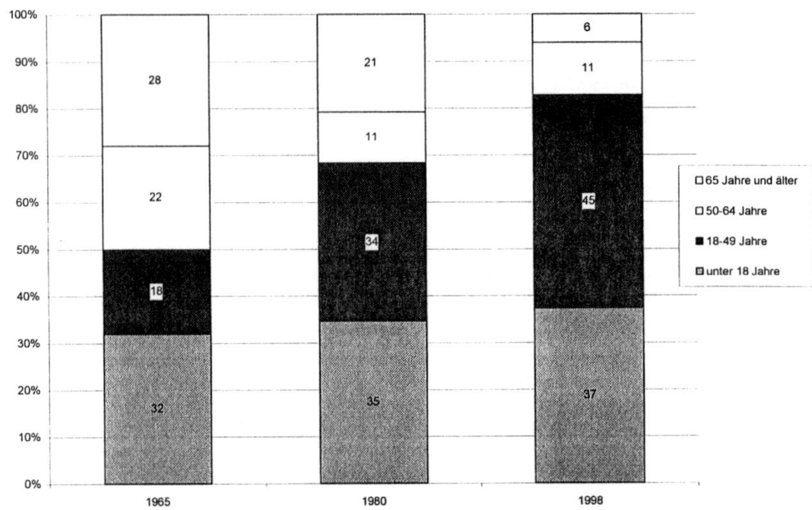

* Laufende Hilfe zum Lebensunterhalt (HLU) außerhalb von Einrichtungen.
** 1965, 1980 früheres Bundesgebiet; 1998 Deutschland insgesamt.

Quellen: Statistisches Bundesamt 1999; eigene Darstellung.

Aktuelle Daten

Gemäß den zur Zeit aktuellsten Sozialhilfedaten aus dem Jahr 1998 beziehen in Deutschland knapp drei Millionen Personen Leistungen zum laufenden Lebensunterhalt, darunter gut eine Million Kinder und Jugendliche (vgl. Tabelle 3).

Tab. 3: EmpfängerInnen von Sozialhilfe* 1998 (nach Alter, Region und Staatsangehörigkeit)

	Anzahl SozialhilfeempfängerInnen in der Altersgruppe	Anteil an der Bevölkerung gleichen Alters		
		Alle	Deutsche	AusländerInnen
Deutschland insgesamt				
unter 7 Jahre	478.326	8,6 %	7,7 %	14,7 %
7 bis unter 11 Jahre	247.540	6,7 %	5,7 %	14,4 %
11 bis unter 15 Jahre	212.546	5,8 %	4,9 %	14,0 %
15 bis unter 18 Jahre	134.773	4,9 %	4,0 %	12,2 %
Alle Altersgruppen	2.879.322	3,5 %	3,0 %	9,1 %
Westdeutschland				
unter 7 Jahre	396.918	8,0 %		
7 bis unter 11 Jahre	217.796	7,2 %		
11 bis unter 15 Jahre	182.842	6,5 %		
15 bis unter 18 Jahre	115.492	5,5 %		
Alle Altersgruppen	2.467.265	3,7 %		
Ostdeutschland				
unter 7 Jahre	81.408	12,6 %		
7 bis unter 11 Jahre	29.744	4,4 %		
11 bis unter 15 Jahre	29.704	3,5 %		
15 bis unter 18 Jahre	19.281	3,0 %		
Alle Altersgruppen	412.057	2,7 %		

* Laufende Hilfe zum Lebensunterhalt (HLU) außerhalb von Einrichtungen am Jahresende.

Quelle: Statistisches Bundesamt 1999.

Die Sozialhilfequote der Erwachsenen liegt in Deutschland insgesamt bei gut drei Prozent, die Quote der Kinder und Jugendlichen zwischen knapp neun Prozent (unter siebenjährige Kinder) und etwa fünf Prozent (15- bis unter 18jährige).

Besonders hoch ist die Quote bei nichtdeutschen Kindern und Jugendlichen: Während nur etwa jedes zwanzigste deutsche Kind über sieben Jahren Sozialhilfe bezieht, ist es unter den nichtdeutschen Kindern etwa jedes siebte.[26]

Auch zwischen Ost- und Westdeutschland finden sich nach wie vor deutliche Unterschiede: Sowohl Erwachsene als auch Kinder beziehen in Ostdeutschland deutlich seltener Sozialhilfe als in Westdeutschland. Die einzige Ausnahme bildet die Altersgruppe der unter Siebenjährigen: Hier ist im Gegensatz zu den übrigen Altersgruppen der Anteil der SozialhilfeempfängerInnen sogar deutlich höher.[27]

3.3 „Verdeckte Armut" von Kindern und Jugendlichen

Während der Indikator Sozialhilfebezug als Armutsindikator immer wieder Ablehnung findet, da es sich um „bekämpfte Armut" handele, der Empfang von Sozialhilfe den notwendigen Lebensbedarf beziehungsweise das sozio-kulturelle Existenzminimum ja gerade sichere, gibt es einen anderen (nahezu) unbestrittenen Armutsindikator: die sogenannte „verdeckte Armut". Zu den verdeckt Armen zählen die Personen beziehungsweise Haushalte, deren Einkommen unterhalb der Sozialhilfegrenze liegt, die aber – aus welchen Gründen auch immer – keine Sozialhilfe beanspruchen (vgl. ausführlich zur Diskussion um verdeckte Armut Neumann/Hertz 1998).

In Tabelle 4 sind für das Jahr 1995, für das die aktuellsten Berechnungen zu verdeckter Armut vorliegen, die Zahlen zu „bekämpfter" Armut (= Sozialhilfequote) und „verdeckter" Armut gegenübergestellt.

Im Vergleich der Werte für alle Altersgruppen wird zunächst deutlich, daß in Deutschland insgesamt und bezogen auf Westdeutschland jeweils etwa so viele Personen „verdeckt" arm sind, wie es Personen gibt, die von Sozialhilfe leben. In Ostdeutschland ist die „verdeckte" Armut hingegen doppelt so hoch wie die Sozialhilfequote, das heißt, auf eine(n) Sozialhilfeempfänger(in) kommen zwei Personen, die diese Hilfe nicht wahrnehmen.

Die altersdifferenzierten Ergebnisse zeigen, daß die Quote „verdeckter" Armut bei kleineren (unter siebenjährigen) Kindern relativ gering ist, während sie bei älteren Kindern und Ju-

---

26 In der hohen Sozialhilfequote von nichtdeutschen Kindern und Jugendlichen spiegelt sich die im Durchschnitt deutlich schlechtere ökonomische Situation ausländischer Familien, die durch schlechtere Schul- und Ausbildung, aber auch Diskriminierung am Arbeitsmarkt bedingt ist und nicht zuletzt durch größere Familien verschärft wird. Die höheren Quoten sind nicht durch eine höhere Inanspruchnahme zu erklären, im Gegenteil: Die verdeckte Armut (vgl. Kapitel 3.3) unter AusländerInnen ist etwa doppelt so hoch wie bei Deutschen (vgl. Neumann/Hertz 1998, 84).

27 Die relativ hohe Sozialhilfequote von unter siebenjährigen Kindern in Ostdeutschland läßt sich nicht durch eine höhere Inanspruchnahme erklären. Die Quote „verdeckter" Armut (vgl. Kapitel 3.3) liegt in dieser Altersgruppe vielmehr in Ostdeutschland dreimal so hoch wie in Westdeutschland (vgl. Neumann/Hertz 1998, 83). Es ist eher zu vermuten, daß relativ viele Eltern kleiner Kinder in Ostdeutschland zu den Wende-Verlierern zählen, die nur schlecht oder gar nicht den Einstieg in den prekären Arbeitsmarkt gefunden und keine ausreichenden Sozialversicherungsansprüche erworben haben. Hinzu kommen dürfte ein negativer Selektionseffekt, da ein Teil dieser Generation in den Westen abgewandert ist.

gendlichen (7- bis 17jährigen) mit etwa fünf Prozent im Westen und knapp sieben Prozent im Osten recht hoch liegt. Es scheint, daß insbesondere Familien mit kleinen Kindern ihren Sozialhilfeanspruch verwirklichen, während Familien mit älteren Kindern eher davon Abstand nehmen.

Mit Blick auf die Unterschiede nach Staatsangehörigkeit (für die keine altersdifferenzierten Ergebnisse vorliegen) läßt sich festhalten, daß nicht nur die Sozialhilfequoten der AusländerInnen deutlich höher sind als die der Deutschen, sondern auch deren Quote an „verdeckter" Armut zwei- bis dreimal höher ist.

Tab. 4: Sozialhilfequoten* und „verdeckte" Armut im Jahr 1995 (nach Altersgruppen und Region)**

	Sozialhilfequote*	Quote „verdeckter"** Armut
Deutschland insgesamt		
Unter 7 Jahre	7,5 %	2,6 %
7 bis unter 18 Jahre	ca. 5,0 %	5,4 %
Alle Altersgruppen	3,1 %	3,4 %
Deutsche	*2,7 %*	*3,2 %*
AusländerInnen	*7,1 %*	*7,3 %*
Westdeutschland		
Unter 7 Jahre	7,5 %	1,8 %
7 bis unter 18 Jahre	ca. 6,0 %	4,9 %
Alle Altersgruppen	3,4 %	3,2 %
Ostdeutschland		
Unter 7 Jahre	7,5 %	6,0 %
7 bis unter 18 Jahre	ca. 2,5 %	6,6 %
Alle Altersgruppen	1,8 %	4,2 %

* Personen mit Bezug von Laufender Hilfe zum Lebensunterhalt (HLU) außerhalb von Einrichtungen.
** Anteil an Personen, deren Einkommen unter der Sozialhilfegrenze liegt, die aber keine Sozialhilfe beanspruchen.
Datenbasis: Sozialhilfestatistik, SOEP 1995.
Quellen: Neumann/Hertz 1998, 81-84; Statistisches Bundesamt 1998; eigene Darstellung.

Wird davon ausgegangen, daß diese Zahlen aus dem Jahr 1995 in etwa auch noch heute gelten, so können zu der etwa eine Million Kinder und Jugendliche mit Sozialhilfebezug noch einmal eine Million junge Menschen hinzugerechnet werden, die in „verdeckter Armut" leben.

3.4 Relative Einkommensarmut von Kindern und Jugendlichen

Ein ähnliches Ergebnis, nämlich etwa zwei Millionen armer Kinder und Jugendlicher im Jahr 1998 und eine Armutsquote von etwa 13 Prozent, ergibt sich, wenn der dritte wichtige Armutsindikator herangezogen wird: die sogenannte 50-Prozent-Grenze relativer Einkommensarmut, also der Anteil derer, die gemäß Einkommen ihrer Familie weniger als die Hälfte des durchschnittlichen (nach Haushaltsgröße gewichteten) Einkommens zur Verfügung haben (vgl. Tabelle 5).

Tab. 5: Armutsbetroffenheit* von Kindern im Jahr 1998

Altersgruppe	Anteil Arme (50-Prozent-Grenze)	Anzahl der Armen
Unter 3 Jahre	15,3 %	312.273
3 bis unter 7 Jahre	12,4 %	384.276
7 bis unter 15 Jahre	12,0 %	814.200
15 bis unter 18 Jahre	14,8 %	402.412
Kinder und Jugendliche	13,1 %	1.913.161

* Weniger als 50 Prozent des durchschnittlichen (nach Haushaltsgröße gewichteten) Einkommens (unter Verwendung der älteren OECD-Skala und des monatlichen Einkommens/Screeners).

Datenbasis: SOEP 1998.

Quellen: Berechnungen des DIW; eigene Darstellung.[28]

Dieser Armutsindikator erfaßt also (in etwa) Kinder/Jugendliche im Sozialhilfebezug **und** Kinder/Jugendliche, die in verdeckter Armut leben. Er erklärt ebenfalls, warum sowohl für die jüngste Altersgruppe (bis unter sieben Jahre) als auch für die älteste Altersgruppe (15 bis unter 18 Jahre) die Armutsquoten (mit jeweils ca. 15 Prozent) gleichermaßen hoch sind (vgl. Tabelle 5): Während bei den Jüngeren die Sozialhilfequote dominiert und diese einen Großteil der Armen bei den unter siebenjährigen Kindern ausmachen, ist es bei den Älteren gemäß den Untersuchungen von Neumann/Hertz (1998) der relativ hohe Anteil verdeckter Armer, der die hohe Quote von relativer Einkommensarmut Betroffener bei den 15- bis unter 18jährigen bestimmt (vgl. Abbildung 8).

---

28 Vom Deutschen Institut für Wirtschaftsforschung (DIW) freundlicherweise für das ISS berechnete Zahlen. Die Armutsquoten für Erwachsene sind im neuesten Armutsbericht des DGB/DPWV (Hanesch u. a. 1994) nachzulesen.

Abb. 8: Armutsquoten nach unterschiedlichen Indikatoren

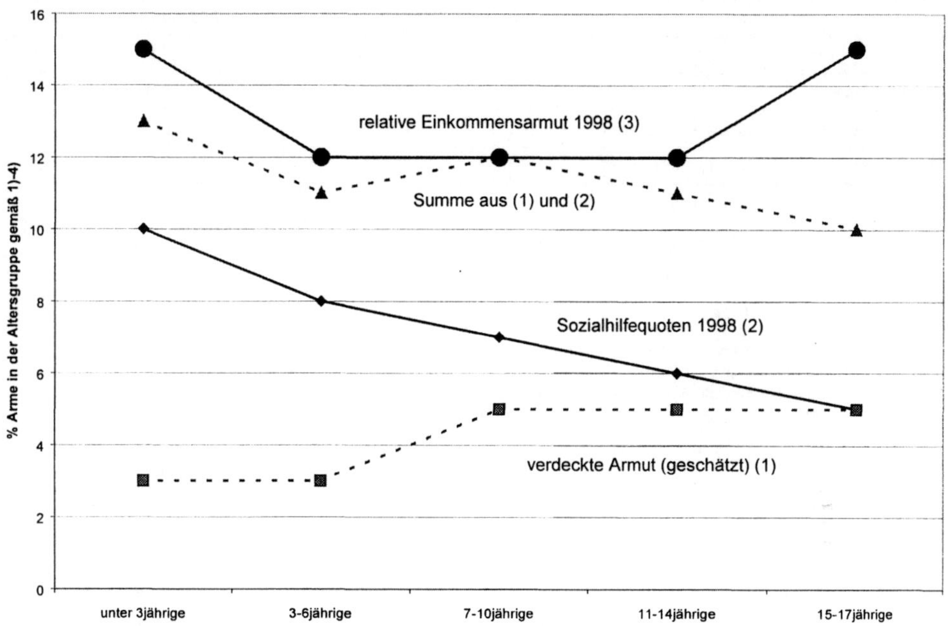

Datenbasis:
(1) (Schätzung unter Verwendung von) SOEP 1995.
(2) Sozialhilfestatistik.
(3) SOEP 1998.
Quellen: (1) Neumann/Hertz 1998, 83; (2) Statistisches Bundesamt 1999, 8; (3) DIW-Berechnungen.

Armutsquoten von Kindern und Jugendlichen in unterschiedlichen Familienkontexten

Die Armutsbetroffenheit von Kindern und Jugendlichen ist je nach Familienkontext durchaus unterschiedlich, dies belegen sowohl Auswertungen der Sozialhilfestatistik (vgl. Statistisches Bundesamt 1998) als auch des Sozioökonomischen Panels (SOEP) (vgl. Tabelle 6) und nicht zuletzt sehr deutlich und detailliert die Ergebnisse von Erhebungen im Rahmen der AWO-ISS-Studie. Immer wieder zeigt sich, daß Kinder aus Migrantenfamilien, Kinder aus Ein-Eltern-Familien und Kinder aus kinderreichen Familien stark gefährdet sind, von Armut betroffen zu werden.

Wie aus Tabelle 6 zu ersehen, lebten 1998 (gemäß den repräsentativen Daten des SOEP) ausländische Kinder fast doppelt so häufig in Armut wie deutsche. Der Anteil der Armen unter Kindern aus Ein-Eltern-Familien war je nach Alter zwei- bis dreimal so hoch wie von Kindern aus sogenannten vollständigen Familien. Gleichfalls zeigt die Tabelle das deutliche Ansteigen des Armutsrisikos mit der Anzahl der Geschwister.

Tab. 6: Armutsquoten* von Kindern und Jugendlichen nach Nationalität, Familientyp und Haushaltsgröße (1998)

	Unter 7 Jahre	7 bis unter 18 Jahre
Deutsche	12,6 %	11,5 %
AusländerInnen**	21,0 %	19,1 %
Kind/Jugendlicher aus Familienhaushalt***	12,0 %	11,2 %
Kind/Jugendlicher aus Ein-Eltern-Familie	33,4 %	24,1 %
Kind/Jugendlicher ohne Geschwister	11,5 %	7,8 %
mit einem Geschwister	12,0 %	7,1 %
mit zwei Geschwistern	19,8 %	19,2 %
mit mindestens drei Geschwistern	25,2 %	36,2 %

* Weniger als 50 Prozent des durchschnittlichen (nach Haushaltsgröße gewichteten) Einkommens (unter Verwendung der älteren OECD-Skala und des monatlichen Einkommens/Screeners).

** Hier: Kind lebt in einer Familie mit einem nicht-deutschen Haushaltsvorstand.

*** Kind lebt mit beiden Eltern oder mit einem Elternteil plus Partner(in) zusammen.

Datenbasis: SOEP 1998.

Quellen: Berechnungen des DIW; eigene Darstellung.

Das Armutsrisiko steigt ebenfalls deutlich, wenn die Eltern des Kindes keinen Schulabschluß beziehungsweise keine abgeschlossene Ausbildung aufweisen: Die Mütter armer Kinder haben in fast der Hälfte der Fälle (49 Prozent) keine Berufsausbildung (nicht-arme: 19 Prozent), etwa jede zehnte (elf Prozent) noch nicht einmal einen Schulabschluß (nicht-arme: drei Prozent). Die Väter armer Kinder sind ebenfalls relativ schlecht qualifiziert: Etwa jeder dritte (32 Prozent) hat keine abgeschlossene Ausbildung (nicht-arme: acht Prozent), etwa jedem zwanzigsten (fünf Prozent) fehlt der Schulabschluß (nicht-arme: zwei Prozent) (alle Zahlen beziehen sich auf 1994 und Westdeutschland; vgl. Weick 1999, 140-142).

Neben dem Bildungsgrad der Eltern bestimmt nicht zuletzt der Erwerbsstatus von Mutter und Vater das Armutsrisiko der Kinder: Freiwillige oder (häufiger) erzwungene Nichterwerbstätigkeit eines oder beider Elternteile sind in armen Familien sehr häufig zu finden, was jedoch nicht darüber hinwegtäuschen darf, daß in den meisten Fällen zumindest ein Elternteil des Kindes einer bezahlten Tätigkeit nachgeht (vgl. Zahlen für 1984, 1990 und 1994 in Weick 1999, 121-135).

Dauer der Armutssituation

Relevant für die Entwicklung des Kindes und dessen Teilhabe- und Lebenschancen ist nicht nur, ob es in einem armen Haushalt lebt, sondern auch wie lange dieser Zustand des materiellen Mangels anhält.[29] Neben der Frage der Armutsbetroffenheit gerät deshalb immer mehr die Dauer der Armutssituation in den Blickpunkt.

Neuere Analysen zu Armutsverläufen beziehungsweise zur Dauer von Armut zeigen, daß Kinder und Jugendliche (nicht nur häufiger, sondern auch) deutlich länger von Armut betroffen sind als Erwachsene, gleichzeitig gibt es eine breite Streuung von Verläufen (vgl. Tabelle 7).

Tab. 7: Dauer von Einkommensarmut innerhalb des Zeitraumes 1991 bis 1995 (in Prozent der Armen)

Unterhalb der 50-Prozent-Grenze...	Westdeutschland		Ostdeutschland	
	Kinder/ Jugendliche	Erwachsene (> 18 Jahre)	Kinder/ Jugendliche	Erwachsene (> 18 Jahre)
Einmalig	31,9	42,1	46,6	57,3
Gelegentlich*	23,1	23,1	24,2	22,6
Chronisch*	4,8	9,0	11,2	9,1
Persistent*	20,6	14,7	18,0	11,0
Permanent*	19,6	11,1	–	–

* Gelegentlich = mehrmals einmalig unter der 50-Prozent-Grenze; chronisch > 2x plus weitere; persistent = 3x hintereinander; permanent = durchgängig unter der 50-Prozent-Grenze.
Datenbasis: SOEP 1991 bis 1995.
Quelle: Weick 1999, 100.

Bei der in Tabelle 7 wiedergegebenen Analyse wird für einen Zeitraum von fünf Jahren anhand von Daten des SOEP überprüft, wie lange sich Kinder und Jugendliche (im Vergleich zu Erwachsenen) unterhalb der Armutsschwelle befinden. Es fällt dabei auf, daß – zumindest in der ersten Hälfte der neunziger Jahre – die Dynamik in Ostdeutschland deutlicher höher ist als in Westdeutschland: „Nur" etwa ein Fünftel der unter 18jährigen in Ostdeutschland, aber etwa 45 Prozent in Westdeutschland lebten zwischen 1991 und 1995 über einen längeren Zeitraum („chronisch", „persistent" oder „permanent") in Armut.

29 Wobei noch systematisch zu klären ist, wie sich kurzfristige Armut (oder sozialer Ab- und Wiederaufstieg) und langfristige Armut konkret auf Kinder und Jugendliche auswirken.

Literatur

Bundesministerium für Arbeit und Sozialordnung (Hg.) (1999): Konzept- und Umsetzungsstudie zur Vorbereitung des Armuts- und Reichtumsberichtes der Bundesregierung, Forschungsberichte Sozialforschung, Band 278, Bonn.

EAPN (European Anti-Poverty Network) (Hg.) (1998): Armut in Europa. Zahlen für die Mitgliedsstaaten der Europäischen Union, Brüssel.

Hanesch, Walter u. a. (1994): Armut in Deutschland. Der Armutsbericht des DGB und des Paritätischen Wohlfahrtsverbandes, Reinbek bei Hamburg.

Hock, Beate; Holz, Gerda (1998): Arm dran?! Lebenslagen und Lebenschancen von Kindern und Jugendlichen (= Band 1), Frankfurt am Main.

Hock, Beate; Holz, Gerda; Wüstendörfer, Werner (2000): Folgen familiärer Armut im frühen Kindesalter – Eine Annäherung anhand von Fallbeispielen (= Band 3), Frankfurt am Main.

Hock, Beate; Holz, Gerda; Wüstendörfer, Werner (2000): Frühe Folgen – langfristige Konsequenzen? Armut und Benachteiligung im Vorschulalter (= Band 4), Frankfurt am Main.

Krämer, Walter (1997): Statistische Probleme bei der Armutsmessung, Schriftenreihe des Bundesministeriums für Gesundheit, Band 94, Baden-Baden.

Neumann, Udo; Hertz, Markus (1998): Verdeckte Armut in Deutschland, Forschungsbericht des Instituts für Sozialberichterstattung und Lebenslagenforschung (ISL) im Auftrag der Friedrich-Ebert-Stiftung, Frankfurt am Main.

Office for Official Publications of the European Communities (Hg.) (2000): Living Conditions in Europe. Statistical Pocketbook, Luxembourg.

Piachaud, David (1992): Wie mißt man Armut?, in: Kölner Zeitschrift für Soziologie und Sozialpsychologie, Sonderheft 32/1992, S. 63-87.

Statistisches Bundesamt (Hg.) (1998): Kinder in der Sozialhilfestatistik (Mit Daten für das Jahr 1997), Wiesbaden.

Statistisches Bundesamt (Hg.) (1999): Presseexemplar: Sozialleistungen, Wiesbaden.

Weick, Stefan (1999): Relative Einkommensarmut bei Kindern. Untersuchungen zu Lebensbedingungen und Lebensqualität in Deutschland von 1984 bis 1996, Dissertation Justus-Liebig-Universität Gießen, Fachbereich Gesellschaftswissenschaften, Gießen.

4 Frühe Folgen – Armut und Benachteiligung im Vorschulalter[30]

Die Fragestellung nach den frühen Folgen von Armut beziehungsweise das Thema Armut im Vorschulalter hat mehrere Wurzeln. Zuallererst kam mit der Recherche und dem Auswerten vorliegender Untersuchungen die Einsicht, daß Kenntnisse in bezug auf die Bedeutung und die Folgen von Armut für die jüngste Altersgruppe, vor allem die Vorschulkinder, fehlen. Während Schüler- und Jugendlichenbefragungen auch Benachteiligung, Ausgrenzung und Armut zum Thema haben und wichtige Forschungserkenntnisse liefern, liegen für Deutschland bislang keine systematischen Erkenntnisse zu Armutsfolgen im frühen Kindesalter vor. Hinzu kam, daß ein großer Teil (über ein Drittel) der von der AWO betreuten Kinder und Jugendlichen in diesem Alter ist (vgl. Kapitel 6). Weiterhin wiesen die AWO-Fachkräfte, die täglich Kinder betreuen, in den ersten Befragungen im Rahmen der AWO-ISS-Studie auf schon frühzeitig einsetzende Benachteiligungen infolge familiärer Armut hin. Nicht zuletzt sprach auch die in dieser Altersgruppe hohe Armutsbetroffenheit (vgl. Kapitel 3) dafür, sich auf Armut von Vorschulkindern zu konzentrieren.

Im Rahmen des Projektes wurde deshalb 1998/1999 eine zweigeteilte Erhebung zur Lebenssituation von Vorschulkindern durchgeführt. Im ersten Untersuchungsabschnitt wurde der Fragestellung qualitativ anhand von Fallbeispielen nachgegangen.[31] Im zweiten Teil wurde über eine Klientendatenerhebung in 60 Kindertagesstätten der AWO die Lebenssituation von etwa 900 armen und nicht-armen sechsjährigen Kindern untersucht (zur methodischen Anlage und Vorgehensweise vgl. Anhang 1).[32] Untersuchungsleitend war die Frage, wie sich Armut im Vorschulalter auf die Entwicklung der Kinder auswirkt. Hierbei sollten die Lebenslage und die Entwicklung der armen Kinder mit denen der ökonomisch bessergestellten Heranwachsenden verglichen werden. Ergänzend dazu wurden Daten zu den sozialstrukturellen Rahmenbedingungen der Kinder erhoben und ausgewertet.

Um zu bestimmen, welche Kinder in einem „armen" und welche in einem „nicht-armen" Haushalt leben, wurde in der Erhebung auf die gängigen wissenschaftlichen (Einkommensarmuts-)Konzepte zurückgegriffen: Zum einen wurde auf die politische Armutsgrenze (= Sozialhilfegrenze) Bezug genommen, zum anderen auf die 50-Prozent-Grenze relativer Einkommensarmut. Basierend auf diesen Definitionen beziehungsweise Grenzziehungen bestand die Untersuchungsgruppe dieser Studie zu 26 Prozent aus armen und zu 74 Prozent aus nicht-armen Kindern.

---

30 Dieses Kapitel faßt die wesentlichen Ergebnisse der Teilstudie „Armut im Vorschulalter" zusammen, die für besonders Interessierte ausführlich in den Zwischenberichten 3 und 4 dokumentiert sind. Aus Platzgründen wurde auf die Darstellung von Fallbeispielen verzichtet, die das Kernstück des Bandes 3 ausmachen. (Detail-)Fragen zur Operationalisierung und Methode der quantitativen Erhebung sind in Band 4 (21-39) nachlesen.

31 Vgl. Band 3.

32 Vgl. auch Band 4.

Zur Erfassung der konkreten Lebenslage der untersuchten Kinder wurden auf der Basis des entwickelten Armutskonzeptes verschiedene Merkmale der kindlichen Entwicklung und Versorgung anhand der vier zentralen kindorientierten Lebenslagedimensionen, materielle Versorgung, kulturelle und soziale Kompetenzen sowie gesundheitliche Situation, erhoben (vgl. Kapitel 2).

Nachfolgend werden die zentralen Ergebnisse und Erkenntnisse dargestellt.

4.1 Armut und Sozialstruktur

Die Armutsforschung hat wiederholt nachgewiesen, daß bestimmte soziale Gruppen (zum Beispiel Alleinerziehende, Arbeitslose) einem sehr hohen Armutsrisiko unterliegen (vgl. unter anderem Hauser/Hübinger 1993; Hanesch u. a. 1994; Joos 1997). Ein weiterer wichtiger Befund ist die sozialräumliche Konzentration von Armut (vgl. unter anderem Otto/Bolay 1997 und Dangschat 1996). Selten werden diese Daten zu Sozialstruktur und Sozialraum jedoch aus der Kindperspektive aufbereitet. Dies soll im folgenden mit Blick auf die untersuchten Vorschulkinder geschehen.

Zunächst einmal gilt: Kinderarmut ist in **allen** Kommunen, die in die Studie einbezogen waren, vorzufinden. Die armen Kinder leben jedoch im Vergleich zu den nicht-armen signifikant häufiger in Großstädten und in „Sozialen Brennpunkten"[33]. Je größer die Gemeinde ist, aus der die untersuchten Vorschulkinder kommen, desto höher ist der Armutsanteil: In Gemeinden mit einer Einwohnerzahl von weniger als 20.000 liegt die Armutsquote bei etwa 18 Prozent, bei Kommunen mittlerer Größe (zwischen 20.000 und 100.000 Einwohnern) liegt die Quote schon bei etwa 27 Prozent. In größeren Städten mit mehr als 100.000 Einwohnern schließlich erreicht die Armutsbetroffenheit schon fast ein Drittel. Die Befunde zum Einfluß der sozialräumlichen Herkunft auf die Armutsbetroffenheit von Kindern im Vorschulalter dekken sich mit den bisherigen allgemeinen Befunden höherer Armutsbetroffenheit in Großstädten und in „Sozialen Brennpunkten" (vgl. zum Beispiel Dangschat 1996).

Arme Kinder stammen deutlich häufiger als nicht-arme Kinder aus Ein-Eltern-Familien sowie aus Familien mit drei und mehr Kindern (vgl. Tabelle 8). Die dominante Lebensform ist jedoch bei allen Kindern – ob arm oder nicht-arm – die traditionelle „vollständige" Familie: 80 Prozent der nicht-armen Kinder leben mit beiden leiblichen Eltern zusammen und immerhin noch fast 60 Prozent der armen Kinder. Von den anderen Lebensformen haben vor allem zwei eine größere Bedeutung: zum einen die Mutter-Kind(er)-Familie, zum anderen die Mutter-Kind(er)-Stiefvater-Familie. Erstere kommt bei den armen Kindern mit etwa einem Viertel (25 Prozent) am zweithäufigsten vor. Auch bei den nicht-armen Kindern steht sie von der Bedeutung her an zweiter Stelle, allerdings trifft diese Familienform nur auf rund ein Zehntel der Kinder (neun Prozent) zu. Die drittwichtigste Lebensform, das Zusammenleben mit der

---

33 Hier: Gegend mit hoher Arbeitslosenquote, hoher Sozialhilfequote und schlechter Wohnqualität.

Mutter und deren Partner/einem Stiefvater, betrifft mehr als jedes zehnte arme Kind und etwa jedes zwanzigste nicht-arme Kind.

Arbeitslosigkeit, aber auch Erwerbsunfähigkeit und das Fehlen einer Arbeitserlaubnis führen zu einem sehr hohen Armutsrisiko – diesen allgemeinen Befund bestätigen die Ergebnisse der Erhebung „Armut im Vorschulalter" sehr eindrücklich: Fast alle Väter (96 Prozent) der nicht-armen Vorschulkinder sind berufstätig, dagegen ist es unter den Vätern der armen Kinder nur gut die Hälfte (54 Prozent). Bei den Müttern der nicht-armen Kinder ist die Erwerbsquote mit gut 60 Prozent ebenfalls sehr hoch im Vergleich zu den Müttern der armen Kinder, die nur zu rund einem Fünftel (23 Prozent) berufstätig sind. Insbesondere die Berufstätigkeit beider Eltern reduziert das Armutsrisiko erheblich: Die Armutsquote liegt, wenn beide Elternteile des Kindes arbeiten, nur bei sieben Prozent.

Tab. 8: Sozialstrukturelle Merkmale von armen und nicht-armen Vorschulkindern

Sozialstrukturelle Merkmale		**Arme Kinder**	**Nicht-arme Kinder**
Haushaltstyp	Familienhaushalt*	73 %	90 %
	Ein-Eltern-Familie	27 %	10 %
	Anzahl	*231*	*645*
Kinderzahl	1 bis 2 Kinder	52 %	75 %
	3 und mehr Kinder	48 %	25 %
	Anzahl	*231*	*655*
Erwerbstätigkeit**	Vater erwerbstätig	54 %	96 %
	Vater nicht erwerbstätig	46 %	4 %
	Anzahl	*138*	*687*
	Mutter erwerbstätig	23 %	61 %
	Mutter nicht erwerbstätig	77 %	39 %
	Anzahl	*156*	*555*
Nationalität	Deutsch	49 %	69 %
	Nichtdeutsch	51 %	31 %
	Anzahl	*227*	*640*

* Kind lebt mit (mindestens) zwei Erwachsenen (Eltern, Vater/Mutter und LebenspartnerIn, Pflegeeltern) zusammen.
** Nur für Mütter und Väter in Familienhaushalten.

Quelle: „Armut im Vorschulalter" 1999, Berechnungen des ISS.

Neben dem Haushaltstypus und der Erwerbstätigkeit der Eltern ist die Nationalität ein weiterer Faktor, der das Armutsrisiko der Kinder und ihrer Familien beeinflußt. So ist die Armutsquote von Kindern ohne deutschen Paß mit 43 Prozent mehr als doppelt so hoch wie bei den deutschen Kindern (20 Prozent). Während die Armutsquoten der Vorschulkinder mit EU-Staatsbürgerschaft und die der türkischen Kinder nur leicht über dem Durchschnitt liegen, haben vor allem Kinder aus dem früheren Jugoslawien und Kinder aus anderen als den bisher genannten Herkunftsländern sehr hohe Armutsquoten. Das Armutsrisiko von Vorschulkindern ohne deutschen Paß hängt vor allem von der Sicherheit des jeweiligen Aufenthaltsstatus ihrer Familie ab.

In einem weiteren Untersuchungsschritt wurde der Frage nachgegangen, welche Folgen die (sehr ungleich verteilte) familiäre Armut auf die Entwicklung und Lebenschancen der Kinder im Vorschulalter hat. Des weiteren ist von Interesse, in welchen Lebensbereichen sich die familiäre Armut beim Kind äußert. Die Befunde zu diesen Fragestellungen werden im folgenden Kapitel dargestellt.

4.2 Unterschiede zwischen armen und nicht-armen Kindern in einzelnen Lebensbereichen

Anhand der vier zentralen (kindorientierten) Dimensionen der Lebenslage von Kindern[34] wird im folgenden analysiert, was bei den armen Kindern ankommt und welche Unterschiede zwischen armen und nicht-armen Kindern im Vorschulalter bestehen.

Tab. 9: Anteil der Kinder mit Einschränkungen in den vier zentralen Dimensionen der kindlichen Lebenslage (arme/nicht-arme Kinder im Vergleich)

Dimension	Arme Kinder		Nicht-arme Kinder	
	Anzahl	**Prozent**	Anzahl	**Prozent**
Grundversorgung	220	**40**	598	**15**
Kultureller Bereich	203	**36**	586	**15**
Sozialer Bereich	219	**36**	618	**18**
Gesundheitszustand	225	**31**	640	**20**

Quelle: „Armut im Vorschulalter" 1999, Berechnungen des ISS.

In allen vier Lebenslagedimensionen sind bei armen Kindern im Vergleich zu nicht-armen deutlich häufiger Einschränkungen beziehungsweise Auffälligkeiten zu beobachten (vgl. Tabelle 9).

Im Bereich der **Grundversorgung** weisen 40 Prozent der armen gegenüber 15 Prozent der nicht-armen Kinder Mängel auf. Am deutlichsten äußert sich familiäre Armut hier im verspäteten und unregelmäßigen Zahlen von Essensgeld und sonstigen Beiträgen für Kindertagesstättenaktivitäten. Häufig kommt es auch vor, daß arme Kinder hungrig in die Einrichtung

---

34 Materielle Versorgung, „Versorgung" des Kindes im kulturellen Bereich, Situation des Kindes im sozialen Bereich und gesundheitliche Situation des Kindes (vgl. auch Kapitel 2).

kommen und daß dem Kind die körperliche Pflege fehlt. Relativ selten dagegen ist das Fehlen notwendiger Kleidung (vgl. Tabelle 10).

Tab. 10: Defizite im Bereich „Grundversorgung" bei armen und nicht-armen Kindern

Aspekt[35]	**Arme Kinder**		**Nicht-arme Kinder**	
	Anzahl	**Prozent**	Anzahl	**Prozent**
Essensgeld u. ä. wird nicht regelmäßig gezahlt (regelmäßig anfallende Kosten).	65	**31**	50	**9**
Kosten für Ausflüge u. ä. werden nicht ohne weiteres gezahlt* (unregelmäßig anfallende Kosten).	85	**27**	78	**12**
Das Kind kommt öfters hungrig in die Einrichtung.	38	**16**	33	**5**
Das Kind ist ungepflegt/körperlich vernachlässigt.	34	**15**	32	**5**
Das Kind nimmt aus finanziellen Gründen nicht am Mittagessen teil.	13	**6**	15	**2**
Das Kind hat nicht die notwendige Kleidung (z. B. Winterstiefel).	9	**4**	5	**< 1**

Quelle: „Armut im Vorschulalter" 1999, Berechnungen des ISS.

Mehr als doppelt so häufig wie nicht-arme Kinder weisen arme Kinder Einschränkungen beziehungsweise Auffälligkeiten im **kulturellen Bereich** auf: 36 Prozent der armen Kinder versus 16 Prozent der nicht-armen Kinder sind mit Blick auf ihr Spielverhalten auffällig, 38 Prozent versus 16 Prozent bezüglich ihres Sprachverhaltens und schließlich 34 Prozent versus 18 Prozent mit Blick auf ihr Arbeitsverhalten.

Weist ein Kind in einem der drei oben genannten „kulturellen" Bereiche Einschränkungen auf, so macht dies den regulären Übertritt in die Regelschule deutlich unwahrscheinlicher (vgl. Abbildung 9). Arme Kinder, die ohnehin seltener den Übertritt in die Regelschule „regulär" mit sechs Jahren vollziehen (69 Prozent der armen Kinder versus 88 Prozent der nicht-armen Kinder), treten weniger häufig regulär in die Regelschule über, wenn sie in mehr als einem der Unterbereiche eingeschränkt beziehungsweise auffällig sind. Bei den nicht-armen Kindern nimmt die Wahrscheinlichkeit des Regelschulbesuchs mit der Anzahl der Auffälligkeiten beziehungsweise Einschränkungen stetig ab. Ist ein armes Kind in mindestens zwei der drei Bereiche eingeschränkt, so liegt die Wahrscheinlichkeit des regulären Eintritts in die Regelschule bei 38 Prozent. Die nicht-armen Kinder mit ähnlichen „kulturellen Auffälligkeiten" treten noch zu über der Hälfte (55 Prozent) regulär in die Regelschule über.

Die Zahlen verdeutlichen: Arme Kinder werden nicht nur insgesamt häufiger als nicht-arme Kinder vom Schulbesuch zurückgestellt, sondern auch bei vergleichbarer Ausgangslage be-

35 Der genaue Wortlaut der Abfrage und die den Fachkräften gegebenen Erläuterungen sind im Fragebogen in Band 4, Anhang A, nachzulesen.

ziehungsweise dem gleichen Maß an „Auffälligkeiten" haben sie geringere Chancen für einen regulären Übertritt in die Regelschule als nicht-arme Kinder.[36]

Arme Kinder sind nicht nur im Bereich der Grundversorgung und im kulturellen Bereich, sondern auch im **sozialen Bereich** deutlich häufiger eingeschränkt beziehungsweise auffällig als nicht-arme Kinder (36 versus 18 Prozent). Arme Kinder suchen zum Beispiel weniger häufig den Kontakt zu anderen Kindern in der Kindertagesstätte, nehmen weniger aktiv am Gruppengeschehen teil, äußern seltener ihre Wünsche und sind weniger wißbegierig als nicht-arme Kinder. Zugleich ist eine beginnende Ausgrenzung zu beobachten: So werden arme Kinder häufiger als nicht-arme Kinder von den anderen Kindern in der Kindertagesstätte gemieden.

Abb. 9: Voraussichtlicher Regelschulbesuch nach Einschränkungen im kulturellen Bereich für arme und nicht-arme Kinder*

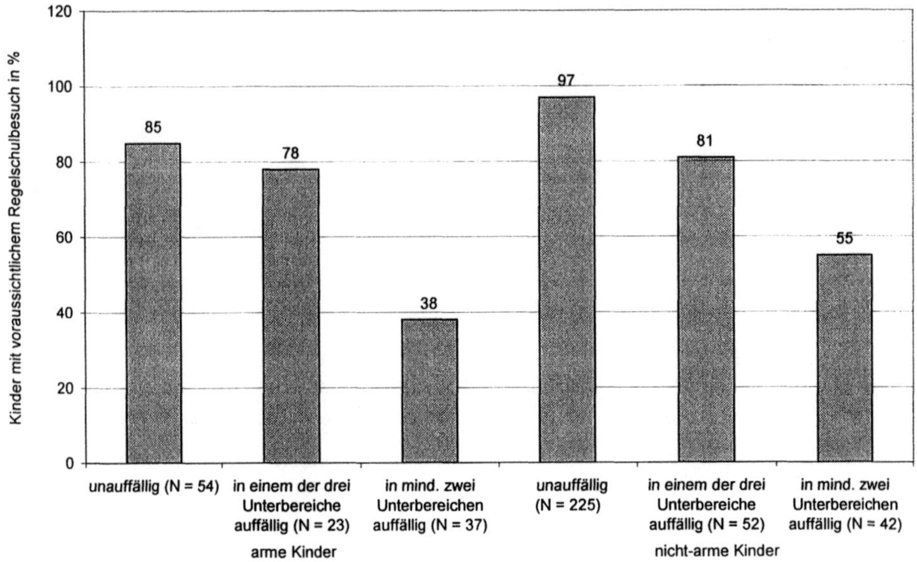

* Nur für vor 07/1993 geborene Kinder.

Quelle: „Armut im Vorschulalter" 1999, Berechnungen des ISS.

Auch in bezug auf ihre **Gesundheit** beziehungsweise körperliche Entwicklung weisen arme Kinder häufiger Einschränkungen beziehungsweise Auffälligkeiten als nicht-arme Kinder auf. Hier ist jedoch der Unterschied zwischen armen und nicht-armen Kindern von allen Berei-

36 Wird die Rückstellung für eine gezielte Förderung genutzt, ist dies natürlich in jedem Falle im Sinne der Kinder. Es soll hier keinesfalls der Eindruck entstehen, es würde für eine frühzeitige Einschulung „auffälliger" respektive benachteiligter Kinder plädiert.

chen am geringsten ausgeprägt. Arme Kinder haben häufiger als nicht-arme Kinder gesundheitliche Probleme beziehungsweise sind in ihrer körperlichen Entwicklung zurückgeblieben. Hinsichtlich chronischer Erkrankungen und motorischer Entwicklung gibt es keine signifikanten Unterschiede zwischen den beiden Gruppen.

Welche Faktoren sind es, die die Lebenslage des Kindes in den untersuchten Bereichen beeinflussen? Dieser wichtigen Frage wurde auf Basis des Datenmaterials mit einem speziellen statistischen Verfahren („CHAID-Analyse") nachgegangen. Der „stärkste" Faktor – und damit am bedeutsamsten für das Risiko des Kindes, „Auffälligkeiten" beziehungsweise Defizite zu entwickeln – ist gemäß dieser Analyse das Ausmaß der von der Familie gemeinsam durchgeführten Aktivitäten. Als zweitstärkster Faktor erweist sich die Armutssituation der Familie: Sowohl bei den armen Kindern mit gemeinsamen Aktivitäten am Wochenende als auch bei den Kindern ohne solche Aktivitäten gehen mit der Armutssituation eine höhere „Auffälligkeit" beziehungsweise vermehrte Einschränkungen einher.

Die von der Familie gemeinsam durchgeführten Aktivitäten können als ein Indikator für die Kindzentriertheit oder Zuwendung zum Kind in der Familie betrachtet werden. Diese Zuwendung zum Kind scheint materiell defizitäre Familienbedingungen – insbesondere für Kinder im Vorschulalter – zum Teil zu kompensieren.

Die ungünstigste Konstellation liegt entsprechend dann vor, wenn materielle Defizite mit geringer Kindzentriertheit beziehungsweise wenig gemeinsamen familiären Aktivitäten einhergehen. Die beiden Variablen „Kindzentriertheit" und „Armut" sind nach dieser Analyse die entscheidenden Einflußgrößen in bezug auf die Anzahl der „Auffälligkeiten" beziehungsweise Einschränkungen eines Kindes. Die folgende Übersicht faßt die Ergebnisse der Analyse in Kurzform nochmals zusammen.

	Ausmaß gemeinsamer familiärer Aktivitäten	
	Gering	Hoch
Arme Kinder	**Einschränkungen/„Auffälligkeiten" deutlich erhöht** (Mittelwert = 3,3)*	**Einschränkungen/„Auffälligkeiten" durchschnittlich** (Mittelwert = 1,5)*
Nicht-arme Kinder	**Einschränkungen/„Auffälligkeiten" leicht erhöht** (Mittelwert = 2,2)*	**Einschränkungen/„Auffälligkeiten" gering** (Mittelwert = 0,9)*

* Mittelwert für alle Kinder = 1,6 (Minimum = 0, Maximum = 7).

4.3 Wohlergehen, Benachteiligung oder multiple Deprivation – der umfassende Blick auf die kindliche Lebenslage

Während sich die obige Analyse auf einzelne Lebensbereiche und den Vergleich von armen mit nicht-armen Kindern konzentrierte, steht im folgenden der umfassende Blick auf die kindliche Lebenssituation im Mittelpunkt. Dazu wurden die empirischen Befunde zu den vier Dimensionen der Lebenslage von Kindern im Vorschulalter zu einem Lebenslagenindex zusammengefaßt, der folgende **Lebenslagetypen** enthält:

Von **„Wohlergehen"** wird dann gesprochen, wenn in bezug auf die zentralen (Lebenslage-) Dimensionen (siehe oben) aktuell keine Einschränkungen beziehungsweise „Auffälligkeiten" festzustellen sind, das Kindeswohl also gewährleistet ist.

Eine **„Benachteiligung"** liegt dann vor, wenn in einigen wenigen Bereichen aktuell Einschränkungen beziehungsweise „Auffälligkeiten" festzustellen sind. Das betroffene Kind kann in bezug auf seine weitere Entwicklung als eingeschränkt beziehungsweise benachteiligt betrachtet werden.

Von **„multipler Deprivation"** schließlich wird dann ausgegangen, wenn das Kind in mehreren zentralen Lebens- und Entwicklungsbereichen eingeschränkt beziehungsweise „auffällig" ist. Das Kind entbehrt in mehreren wichtigen Bereichen die notwendigen Ressourcen, die eine positive Entwicklung wahrscheinlich machen.

Die Verteilung der Lebenslagetypen wird im folgenden für arme und nicht-arme Kinder untersucht. Dabei ist insbesondere von Interesse, welche Rahmenbedingungen vorhanden sein müssen, um das Wohlergehen eines Kindes zu gewährleisten.

Von allen Kindern im Vorschulalter der Untersuchungsgruppe leben 40 Prozent im Wohlergehen, bei 40 Prozent muß die Lebenssituation als benachteiligend und bei 20 Prozent als multipel deprivierend charakterisiert werden. Das heißt, daß bei mindestens 20 Prozent aller Kinder aufgrund der umfassenden „Auffälligkeiten" beziehungsweise Einschränkungen von einer starken Beeinträchtigung der weiteren Entwicklung und der Zukunftschancen ausgegangen werden muß.

Wird die Verteilung der Lebenslagetypen getrennt für arme und nicht-arme Kinder (vgl. Abbildung 10) betrachtet, so wird deutlich, daß arme Kinder auch und gerade mit Blick auf die gesamte Lebenslage des Kindes bereits im Vorschulalter „arm dran" sind: Während nur knapp ein Viertel (24 Prozent) der armen Kinder in keinem der vier zentralen Lebenslagebereiche benachteiligt ist (Wohlergehen), ist es unter den nicht-armen Kindern fast die Hälfte (46 Prozent). Benachteiligt, also in einem oder zwei der vier zentralen Lebenslagebereiche eingeschränkt beziehungsweise auffällig, sind etwa 40 Prozent der armen und nicht-armen Kinder. Als mehrfach (multipel) depriviert sind – aufgrund einer Benachteiligung in mindestens drei der vier zentralen Lebensbereiche – gut ein Drittel der armen Kinder (36 Prozent) und etwa jedes siebte bis achte nicht-arme Kind (14 Prozent) zu bezeichnen.

Auch an diesen Zahlen wird deutlich, daß Armut zwar ein wichtiger Faktor ist, der die Lebenslage des Kindes bestimmt, die Lebenssituation der Kinder aber auch von anderen Faktoren beeinflußt wird. Innerhalb der Gruppe wie in der Vergleichsgruppe der nicht-armen Kinder gibt es eine große Variationsbreite an Lebenslagen.

Abb. 10: Lebenslage und Armut: Anteil armer und nicht-armer Kinder im Wohlergehen sowie Anteil benachteiligter und multipel deprivierter Kinder (in Prozent)

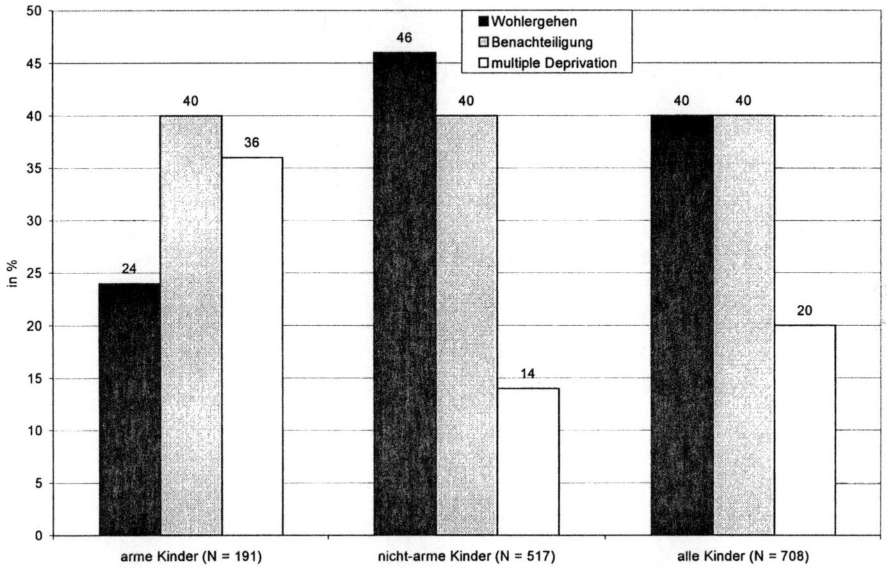

Quelle: „Armut im Vorschulalter" 1999, Berechnungen des ISS.

Im weiteren werden zwei Gruppen nach ihrer Zusammensetzung gesondert analysiert: die Gruppe der Kinder, deren Lebenslage als multipel deprivierend bezeichnet werden muß, und die Untergruppe der armen Kinder, die im Wohlergehen leben.

Bei der Analyse der Gruppe der multipel deprivierten Kinder ist insbesondere von Interesse, aus welchen Familien diese Kinder kommen. **Besonders deprivationsgefährdet sind**:

- Kinder aus nicht-deutschen Familien, darunter insbesondere Kinder aus Familien mit ungesichertem Aufenthaltsstatus und Kinder, deren Eltern kein Deutsch sprechen
- Kinder aus armen Familien
- Kinder aus Familien, in denen die Väter arbeitslos sind

- Kinder aus Familien mit drei und mehr Kindern
- Kinder aus Ein-Eltern-Familien

Die Merkmale der Kinder und ihrer Familien, die deprivationsgefährdet sind, sind vergleichbar mit den Merkmalen, die das Risiko erhöhen, arm zu sein (vgl. Kapitel 4.1).

Bei der zweiten näher untersuchten Gruppe, der Untergruppe der Kinder, die trotz Armut im Wohlergehen leben, wird der Frage nachgegangen, welche Einflußfaktoren bei armen Kindern das Wohlergehen begünstigen. **Folgende Voraussetzungen fördern das Wohlergehen der armen Kinder:**

- Deutschkenntnisse auf seiten mindestens eines Elternteils
- Keine Überschuldung der Familie
- Keine beengten Wohnverhältnisse der Familie
- Gutes Familienklima (keine regelmäßigen Streitigkeiten)
- Regelmäßige gemeinsame Aktivitäten der Familie

Auch mit Blick auf die gesamte Lebenslage des Kindes erweist sich also unter anderem das Ausmaß der gemeinsamen familiären Aktivitäten als ein wichtiger Faktor für die förderliche Entwicklung des Kindes im Vorschulalter. Dies gilt für arme, aber auch für nicht-arme Kinder.

4.4 Benachteiligung und professionelle Unterstützung

In welchem Umfang werden benachteiligte und multipel deprivierte sowie arme Kinder und ihre Familien professionell unterstützt? Insgesamt erhalten etwa ein Fünftel aller untersuchten Kinder beziehungsweise ihre Familien professionelle Unterstützung neben der Betreuung in der Kindertagesstätte. Rund 60 Prozent dieser professionellen Unterstützung erhalten die Kinder direkt, zum Beispiel durch Frühförderung. Die übrigen Unterstützungsmaßnahmen richten sich an die Familie insgesamt, wie beispielsweise Sozialpädagogische Familienhilfe oder Schuldnerberatung.

Der Blick auf die Hilfen, differenziert nach den Lebenslagetypen, zeigt: 15 Prozent der Kinder, die im Wohlergehen leben, erhalten professionelle Unterstützung, 34 Prozent der benachteiligten Kinder und 57 Prozent der multipel deprivierten Kinder (vgl. Abbildung 11). Das bedeutet zunächst, daß diejenigen Kinder und ihre Familien, die aufgrund der kindlichen Lebenslage besonders unterstützungsbedürftig erscheinen, tatsächlich deutlich häufiger professionelle Unterstützung erhalten als Kinder in einer besseren Lage. Es ist jedoch auch zu konstatieren, daß ein großer Teil derjenigen, die Unterstützungsbedarf haben, keine Unterstützung erhält. Immerhin erhalten 43 Prozent der multipel deprivierten Kinder und deren Familien jenseits der Kindertagesstätte keine professionelle Unterstützung.

Differenziert nach armen und nicht-armen Kindern zeigt sich, daß arme Kinder und ihre Familien deutlich häufiger (51 Prozent) professionelle Unterstützung erhalten als nicht-arme Kinder und ihre Familien (22 Prozent). Arme benachteiligte Kinder und ihre Familien erhalten doppelt so oft professionelle Unterstützung wie nicht-arme benachteiligte Kinder beziehungsweise ihre Familien (57 Prozent versus 27 Prozent). Weniger deutlich ist der Unterschied, wenn beim Kind eine multiple Deprivation vorliegt: Kommt das Kind aus einer armen Familie, so erhält es beziehungsweise seine Familie in zwei Drittel der Fälle (67 Prozent) Hilfe von außen. Multipel deprivierte Kinder aus nicht-armen Familien erhalten nur in etwa der Hälfte der Fälle professionelle Unterstützung (48 Prozent).

Abb. 11: Lebenslage des Kindes und professionelle Unterstützung (in Prozent)

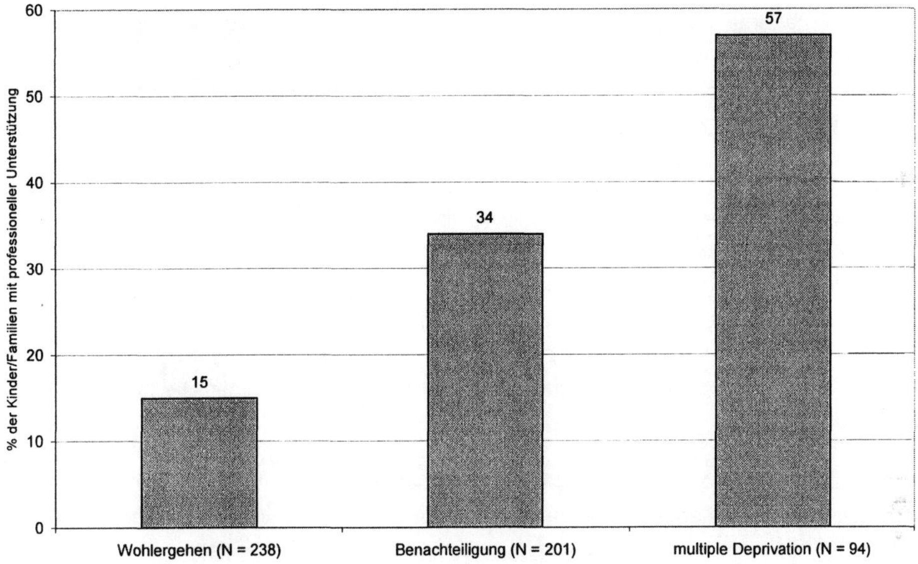

Quelle: „Armut im Vorschulalter“ 1999, Berechnungen des ISS.

Den Befunden ist zu entnehmen, daß die professionelle Unterstützung zwar tendenziell mit den Einschränkungen und „Auffälligkeiten“ in der Lebenslage der Kinder korrespondiert. Dies gilt jedoch nicht für alle Kinder, bleiben doch viele – insbesondere nicht-arme deprivierte Kinder – ohne weitergehende Unterstützung/Förderung.

Familien von benachteiligten Kindern, die ohne professionelle Unterstützung bleiben, weisen tendenziell etwas höhere Ressourcen[37] auf als die Gruppe derjenigen mit Unterstützung.

37 Es handelt sich beispielsweise signifikant häufiger um vollständige Familien und um Familien mit maximal zwei Kindern.

Dennoch ist die Frage zu stellen, ob wirklich in allen Fällen die Eigenressourcen der nicht unterstützten Familien ausreichen, um das Kind ausreichend zu fördern. Dies läßt sich jedoch auf Basis des vorliegenden Materials nicht beantworten. Eine vertiefende (qualitative) Untersuchung wäre hier sinnvoll, um die familiären Ressourcen deutlicher zu ermitteln.

Aus den hier zusammenfassend vorgestellten empirischen Ergebnissen der Erhebung „Armut im Vorschulalter" läßt sich folgern, daß

- bei einem nicht unerheblichen Anteil von Kindern im Vorschulalter die Armut der Familie gravierende Folgen für die kindliche Entwicklung und kindliche Lebenslage hat,
- die Armut der Familie jedoch nicht automatisch zur Benachteiligung oder gar multiplen Deprivation des Kindes führt,
- nicht vorhandene materielle Sicherheit einer Familie nicht die Grundversorgung, die Förderung kultureller und sozialer Kompetenzen sowie die gesundheitliche Entwicklung des Kindes automatisch ausschließt oder umgekehrt die materielle Sicherheit einer Familie nicht immer kulturelle und soziale Ressourcen sowie die Gesundheit eines Kindes einschließt.

Neben einer ausreichenden materiellen Sicherheit der Familie erweisen sich insbesondere ein gutes Familienklima und regelmäßige gemeinsame familiäre Aktivitäten als bedeutsam für das Wohlergehen und für die Zukunftschancen eines Kindes. Diese „Leistung" der Eltern, denen es trotz schwieriger materieller Bedingungen gelingt, ihren Kindern förderliche Entwicklungsbedingungen zu bieten, ist besonders hervorzuheben[38]. Umgekehrt muß mangelnde familiäre Interaktion – neben Armut – als besonderes Entwicklungsrisiko für das Kind begriffen werden.

Sozialpolitische und sozialarbeiterische Handlungsansätze können sich nicht mehr nur in der Verbesserung der materiellen Lebenslage von Familien und davon abgeleitet von Kindern erschöpfen. Vielmehr ist eine Vielzahl von „Investitionen" in das materielle, soziale und kulturelle Kapital eines Kindes zwingend erforderlich.[39]

---

38 Sehr anschauliche Beispiele für die verschiedenartigen Anstrengungen und Leistungen der Eltern in armen Familien finden sich in Band 3.

39 Die Ergebnisse umfassenderer US-amerikanischer Forschungen (vgl. unter anderem Mayr 1999 (Überblick), Duncan/Brooks-Gunn/Klebanov 1994, Smith/Brooks-Gunn/Klebanov 1997) belegen ebenfalls die negativen Konsequenzen von Armut für die Entwicklung von Kindern im Vorschulalter (und damit die vorgestellten Ergebnisse) und darüber hinaus auch, daß diese Armut im weiteren Lebensverlauf „Spätfolgen" hat, die gesellschaftlich nicht erwünscht sind.

Literatur

Dangschat, Jens (1996): Du hast keine Chance, also nutze sie! Arme Kinder und Jugendliche in benachteiligten Stadtteilen, in: Mansel, Jürgen; Klocke, Andreas (Hg.): Die Jugend von heute. Selbstanspruch, Stigma und Wirklichkeit, Weinheim/München, S. 152-173.

Duncan, Greg J.; Brooks-Gunn, Jeanne; Klebanov, Pamela Kato (1994): Economic Deprivation and Early Childhood Development, in: Child Development, Heft 65/1994, S. 296-318.

Hanesch, Walter u. a. (1994): Armut in Deutschland. Der Armutsbericht des DGB und des Paritätischen Wohlfahrtsverbandes, Reinbek bei Hamburg.

Hauser, Richard; Hübinger, Werner (1993): Arme unter uns. Teil II: Dokumentation der Erhebungsunterlagen und der Instrumente der Caritas-Armutsuntersuchung, Freiburg i. Br.

Hock, Beate; Holz, Gerda; Wüstendörfer, Werner (2000): Folgen familiärer Armut im frühen Kindesalter – Eine Annäherung anhand von Fallbeispielen (= Band 3), Frankfurt am Main.

Hock, Beate; Holz, Gerda; Wüstendörfer, Werner (2000): Frühe Folgen – langfristige Konsequenzen? Armut und Benachteiligung im Vorschulalter (= Band 4), Frankfurt am Main.

Joos, Magdalena (1997): Armutsentwicklung und familiale Armutsrisiken von Kindern in den neuen und alten Bundesländern, in: Otto, Ulrich (Hg.): Aufwachsen in Armut, Opladen, S. 47-78.

Mayr, Toni (1999): Entwicklungsrisiken bei armen und sozial benachteiligten Kindern und die Wirksamkeit früher Hilfen, Manuskript, soll erscheinen in: Weiß, M.; Thurmair, M.; Naggl, M. (Hg.): Frühförderung mit Kindern und Familien in Armutslagen.

Otto, Ulrich; Bolay, Eberhard (1997): Armut von Heranwachsenden als Herausforderung für Soziale Arbeit und Sozialpolitik – eine Skizze, in: Otto, Ulrich (Hg.): Aufwachsen in Armut, Opladen, S. 9-46.

Smith, Judith R.; Brooks-Gunn, Jeanne; Klebanov, Pamela K. (1997): Consequences of living in poverty for young children's cognitive and verbal ability and early school achievement, in: Duncan, Greg J.; Brooks-Gunn, Jeanne (Hg.): Consequences of Growing Up Poor, New York, S. 132-189.

5 Als Kind arm, immer arm? Verfestigung, Entstehung und Überwindung von Armut im Übergang ins Berufsleben[40]

Die heute in Deutschland Heranwachsenden stehen vor mannigfachen Herausforderungen, die ihnen viele Gestaltungschancen bieten. Gleichzeitig sind sie vielfältigen Risiken des Scheiterns ausgesetzt. Sie haben mehr Wahlfreiheiten als frühere Generationen, ihnen sind jedoch gleichzeitig in ihren Wahlfreiheiten durch die andauernden ökonomischen Probleme enge Grenzen gesetzt.

Insbesondere diejenigen, die an der „Bildungsexpansion" nicht partizipieren können, also keinen oder „nur" den Hauptschulabschluß erreichen, sind im Übergang ins Berufsleben gefährdet, nur noch wenige Wahlmöglichkeiten zu haben oder gar an der sogenannten ersten Schwelle von der Schule in die Ausbildung zu scheitern.[41] Sie sind die Verlierer der strukturellen Umwälzungen der letzten zwanzig Jahre, die ehemals sichere Arbeitsfelder für An- und Ungelernte weitgehend beseitigt haben[42] und die Ansprüche an Fachkräfte (Arbeiter und Angestellte) immer weiter steigen ließen. Sie sind diejenigen, die sich – nicht zuletzt aufgrund der beschriebenen Rahmenbedingungen – immer weniger gut gerüstet fühlen für zukünftige gesellschaftliche Anforderungen und Entwicklungen (vgl. Deutsche Shell 2000, 32).

Im durch die Bildungsexpansion und hohe strukturelle Arbeitslosigkeit angestoßenen „Verdrängungswettbewerb" am Arbeits- und Ausbildungsmarkt gewinnen neben den Bildungstiteln selbst tendenziell noch andere (außerschulische) Faktoren an Bedeutung: die materiellen, kulturellen und sozialen familialen Ressourcen. Dieses „Ressourcenreservoir" der Familie und die Familie selbst werden als wichtige Faktoren für den Lebensweg der Heranwachsenden betrachtet (vgl. Helsper u. a. 1991, 262).

Als besonders „gefährdet", zu den Verlierern im Übergang ins Berufsleben zu gehören, müssen demnach unter anderem arme Kinder und Jugendliche betrachtet werden, schränkt doch Armut – wie dies auch die AWO-ISS-Studie belegt – das Ressourcenreservoir der Familie deutlich ein.

---

40 Dieses Kapitel stellt eine Zusammenfassung des „Jugendteils" der AWO-ISS-Studie dar, der in Band 5 dokumentiert ist. Die an Einzelfragen oder Details interessierten LeserInnen finden dort neben weiteren Zahlen und Analysen insbesondere ausführliche biographische Falldarstellungen.

41 Neuere Auswertungen belegen deutlich die verminderten Chancen, die ein Hauptschulabschluß heute bietet: Während von den zwischen 1969 und 1980 Geborenen mit Hauptschulabschluß nur noch einem Viertel (25 Prozent) der Einstieg in ein Angestelltenverhältnis gelingt, waren es in der Kohorte der zwischen 1938 und 1948 Geborenen immerhin 40 Prozent. Gleichzeitig ist der Anteil der als ungelernte ArbeiterInnen Tätigen von 18 Prozent (1938 bis 1948 Geborene) auf 33 Prozent (1969 bis 1980 Geborene) gestiegen (Zahlen von 1998; vgl. Statistisches Bundesamt 2000, 475).

42 So geht Tessaring (1994) in seiner Aktualisierung der Strukturprojektionen des Arbeitskräftebedarfs von IAB und PROGNOS für Westdeutschland davon aus, daß sich der schon 1989/91 prognostizierte Rückgang des Bedarfs an Arbeitskräften ohne formalen Berufsabschluß bis zum Jahr 2010 weiter fortsetzen wird. War 1991 noch jede/r fünfte Erwerbstätige un- oder angelernt, so wird der Anteil bis zum Jahr 2010 voraussichtlich auf zirka zehn Prozent sinken, was einem Verlust von rund 50 Prozent aller Arbeitsplätze für Personen ohne formalen Ausbildungsabschluß entspricht (vgl. Tessaring 1994, 10).

Im „Jugendteil“ der AWO-ISS-Studie wurden vor dem Hintergrund der beschriebenen Entwicklungen und Befunde drei zentrale Fragestellungen formuliert, die in diesem Kapitel in komprimierter Form behandelt werden:

- Zum einen sollte der Frage nachgegangen werden, welche Rolle familiäre Armut – als mehrfaches Ressourcendefizit – für das Scheitern beim Übergang ins Berufsleben spielt. Im Hintergrund steht dabei die Frage nach Faktoren und Konstellationen, die zu einer **Verfestigung** beziehungsweise **Vererbung von Armut** im Übergang zum Erwachsenenleben führen (vgl. Kapitel 5.1).

- Des weiteren wird hinterfragt, welche Faktoren jenseits der familiären Armut wichtig für das Scheitern beim Übergang ins Berufsleben sind. Damit wird der Blick auf Gruppen gerichtet, die zukünftig von Armut bedroht erscheinen (➔ **Armutsgefährdung/-entstehung**) (vgl. Kapitel 5.2).

- Die dritte Fragestellung schließlich lautet: Welche Faktoren respektive Konstellationen führen trotz oder unter Armutsbedingungen zu einem erfolgreichen Überwinden der Schwelle von der Schule zum Beruf? Damit geraten die **Überwindung von Armut** beziehungsweise die „erfolgreichen“ Wege aus der Armut in den Blick (vgl. Kapitel 5.3).

Während für die ersten beiden Fragestellungen auf vorliegende Untersuchungen und Daten zurückgegriffen und somit sekundäranalytisch gearbeitet werden konnte, wurden für die dritte Fragestellung eigene Erhebungen durchgeführt. Die Frage der erfolgreichen Armutsbewältigung stellt für die Armuts- und die Jugendforschung gleichermaßen eine neue Herausforderung dar.

5.1 Faktoren und Prozesse der Verfestigung von Armut

Armut ist ein wichtiger Belastungsfaktor nicht nur für Erwachsene, sondern genauso für Kinder und Jugendliche. Armut bedeutet gerade für sie mehr als ein Mangel an materiellen Ressourcen. Arme Kinder und Jugendliche sind zumeist in mehreren Lebensbereichen benachteiligt, zum Teil sogar ausgegrenzt. Armut ist deshalb – darüber herrscht weitgehender Konsens – als ein mehrdimensionales Problem zu begreifen. Kinder und Jugendliche, die in einer armen Familie aufwachsen, sind nicht nur in bezug auf die materielle Teilhabe beeinträchtigt, sondern oft auch in ihren kulturellen, sozialen und gesundheitlichen Ressourcen benachteiligt (vgl. Kapitel 2). Dies gilt – wie Untersuchungen im Rahmen der AWO-ISS-Studie gezeigt haben – bereits im frühen Kindesalter (vgl. Kapitel 4).

Durch die Mehrdimensionalität des Phänomens Armut stehen davon betroffene Kinder und Jugendliche vor dem Problem, ihre Sozialisation unter (deutlich) erschwerten Bedingungen bewältigen zu müssen. Die allgemeinen Entwicklungsaufgaben in der Kinder- und Jugendphase sind unter diesen Voraussetzungen schwerer zu bewerkstelligen (vgl. Dangschat 1996, 165-167).

„Mehrdimensionalität von Armut konkret" → (Beispiele für) Faktoren, die dazu beitragen, Armut zu verfestigen

- Geringe (schulische und berufliche) Qualifikation der Eltern
- Emotional belastende soziale Probleme im Elternhaus
- Ausschluß der Eltern aus dem „normalen" Erwerbsleben
- Geringe oder fehlende Förderung im Elternhaus
- Bestrafendes, autoritäres Erziehungsverhalten, wenig Förderung von Autonomie
- Bildungsentscheidungen, die vom Wunsch nach frühem Geldverdienen geprägt sind
- Unzureichender Wohnraum
- Benachteiligendes Wohnumfeld
- Von der gesellschaftlichen Norm abweichende familiäre Lebensmuster, abweichende Normen und Werte in der Familie und im Umfeld
- Ausgrenzung in der Schule durch Mittelschichtorientierung des Bildungssystems

Eine Marginalisierung der von Armut betroffenen Kinder und Jugendlichen, die Verfestigung und Vererbung der familiären Armut sowie das Scheitern beim Übergang ins Berufsleben entstehen vor allem dann, wenn zur materiellen Mangellage der Familie problematische Sozialisationsbedingungen im Elternhaus kommen, die Schule (und der Arbeitsmarkt) ausgrenzend wirkt, eine Einbindung in „abweichende" Peergruppen stattfindet und schließlich öffentliche Instanzen problematische Entscheidungen treffen. Dies belegt eindrücklich eine Untersuchung von Helsper u. a. (1991), die sich mit gescheiterten Bildungs- und Ausbildungsverläufen von (armen) Jugendlichen beschäftigt. In den ausführlich dokumentierten, eindrucksvollen Biographien „marginalisierter" Jugendlicher wird deutlich, daß das „Scheitern" als das Ergebnis einer längeren und komplexen biographischen Entwicklung betrachtet werden muß, die nicht erst mit dem Ende der Schulzeit beginnt. Um eine Marginalisierung zu verhindern, die Verfestigung von Armut von einer Generation zur nächsten zu vermeiden, muß also schon früh im Leben betroffener Kinder agiert werden.

5.2 Armutsgefährdung durch ein Scheitern im Übergang ins Berufsleben[43]

Nicht nur Kinder aus armen Familien haben Schwierigkeiten beim Übergang von der Schule in den Beruf, was die folgenden Zahlen belegen: 1997 verließen rund neun Prozent der SchulabgängerInnen oder zirka 80.000 Jugendliche die Schule ohne einen Abschluß. Von den 1997 etwa 240.000 Jugendlichen mit Hauptschulabschluß (= 25 Prozent der SchulabgängerInnen dieses Jahres) wechselten nur knapp drei Viertel direkt in eine betriebliche Ausbildung über (vgl. zu den Übergangsquoten Althoff 1999, 9). Der Anteil von Übergängen in un- und angelernte Erwerbstätigkeiten, schulische und außerbetriebliche Ausbildungen, Berufsvorbereitungsmaßnahmen, Haushaltstätigkeiten und/oder Arbeitslosigkeit insgesamt ist seit Anfang der neunziger Jahre deutlich gestiegen (vgl. BMBF 1999, 31). 1998 waren etwa **1,3 Millionen Jugendliche zwischen 20 und 29 Jahren** oder **etwa jede/r achte** in dieser Altersgruppe (zwölf Prozent in Westdeutschland, acht Prozent in Ostdeutschland) **ohne abgeschlossene Berufsausbildung** (vgl. BMBF 1999, 8/9). Das bedeutet: Die Gruppe der Jugendlichen ohne abgeschlossene Berufsausbildung muß unter den gegebenen (Arbeitsmarkt-)Bedingungen als extrem armutsgefährdet betrachtet werden. Es ist zu fragen, wer zu dieser Gruppe gehört und welche Faktoren zum Scheitern des Übergangs führen.

Die Abbildungen 12 bis 14 geben Aufschluß über die Gruppen von Jugendlichen, die besonders häufig keinen Ausbildungsabschluß aufweisen können. **Überdurchschnittlich oft** betroffen sind folgende Gruppen, die zugleich als **armutsgefährdet** betrachtet werden müssen:

(1) **Junge Frauen mit Kindern:** Je nach Familienstand (vgl. Abbildung 12) haben zwischen 29 Prozent (geschiedene) und elf Prozent (mit Partner zusammenlebende) junge Frauen mit Kind(ern) keinen Ausbildungsabschluß.

(2) **Junge AusländerInnen, insbesondere Jugendliche türkischer Herkunft:** Während „nur" acht Prozent der deutschen Jugendlichen zwischen 20 und 29 Jahren keinen Abschluß aufweisen, sind es unter den Jugendlichen ohne deutsche Staatsbürgerschaft ein Drittel, unter den jungen TürkInnen sogar knapp 40 Prozent (vgl. Abbildung 13).

(3) **Jugendliche mit Sonderschulabschluß respektive ohne Abschluß:** Etwa ein Drittel der deutschen Jugendlichen und über vier von fünf (!) ausländischen Jugendlichen (zwischen 20 und 29 Jahren), die keinen Schulabschluß oder nur den Sonderschulabschluß erreichen, sind ohne Berufsabschluß (vgl. Abbildung 14).

43 Kapitel 5.2 basiert auf einer Expertise, die von Helmut Lukas, Ute Krieter und Veronika Lukas erstellt wurde (vgl. Band 5, Teil I).

Abb. 12: Anteil der Jugendlichen ohne Berufsabschluß nach Geschlecht und Familienstand (in Prozent; Zahlen von 1998)

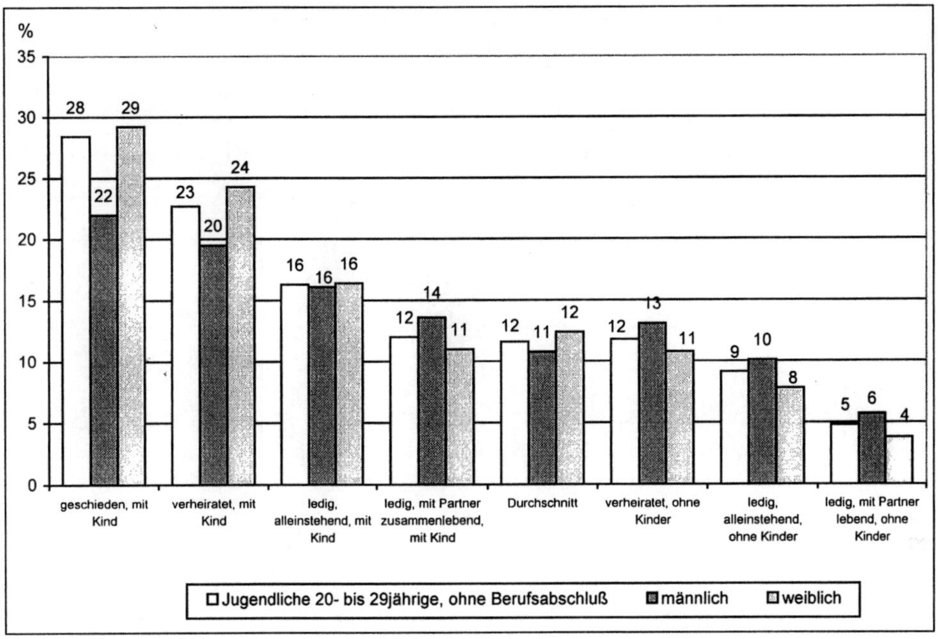

Quelle: BMBF 1999, 36.

Abb. 13: Anteil der Jugendlichen ohne Berufsabschluß nach Staatsangehörigkeit und Altersgruppen (in Prozent; Zahlen von 1998; nur Westdeutschland)

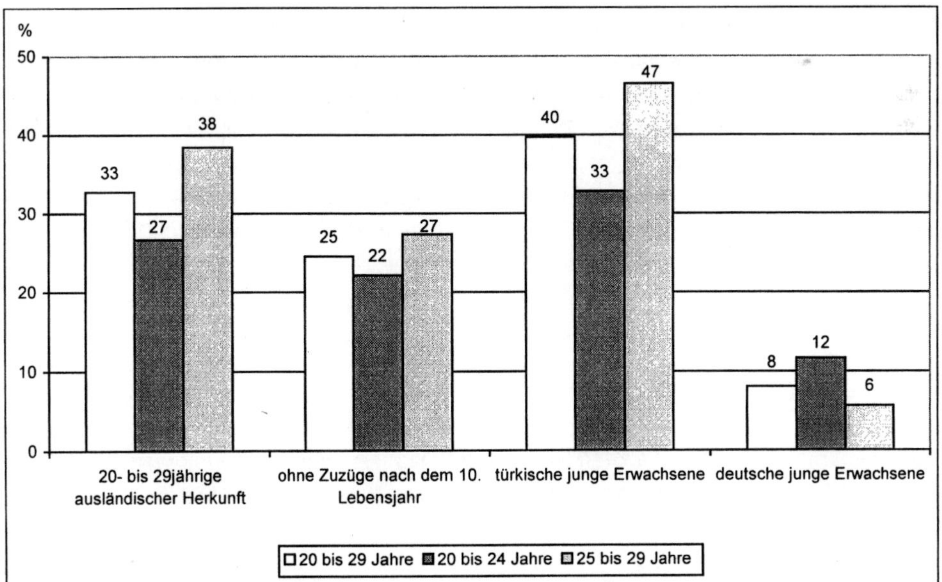

Quelle: BMBF 1999, 33.

Abb. 14: Anteil der Jugendlichen ohne Berufsabschluß nach Art des Schulabschlusses und Nationalität (in Prozent; Zahlen von 1998)

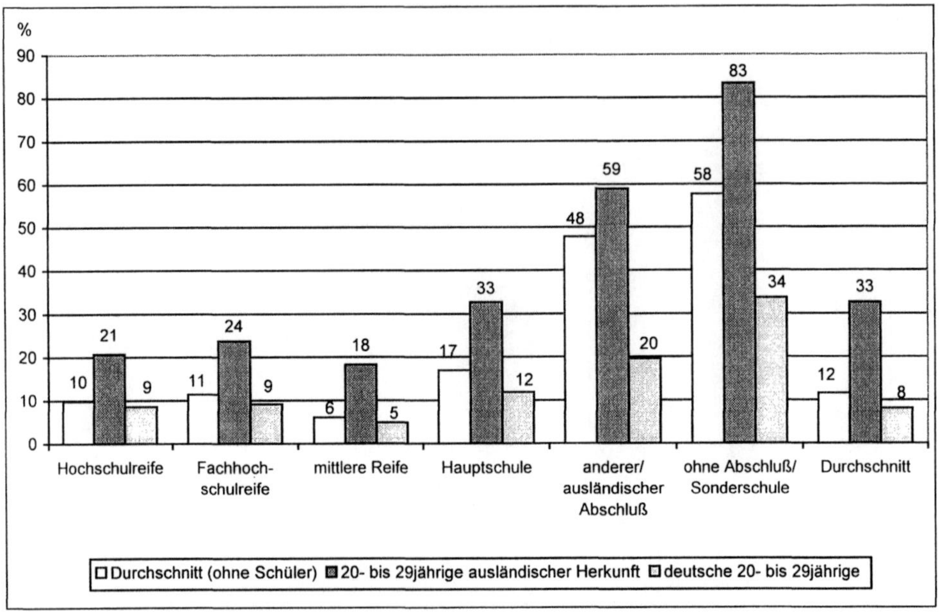

Lesehilfe: 16,9 Prozent aller 20- bis 29jährigen mit **Hauptschulabschluß** hatten im Jahr 1998 keinen Berufsabschluß; ausländischer Herkunft in dieser Gruppe waren 32,7 Prozent, Deutsche aber „nur" 11,9 Prozent.

Quelle: BMBF 1999, 41.

War früher das katholische Arbeitermädchen vom Lande in bezug auf Bildung und Ausbildung am deutlichsten benachteiligt, so ist es heute die junge Türkin (aus dem städtischen Ballungszentrum), die zu den am klarsten Benachteiligten zählt. Der erhoffte Aufstieg der Töchter (aber auch der Söhne) von ZuwandererInnen der ersten Generation ist weitgehend ausgeblieben (vgl. hierzu auch Frick/Wagner 1999). So entsteht – nicht zuletzt durch das Versagen des Bildungswesens, durch mangelnde gesamtgesellschaftliche Integration von MigrantInnen und durch den stetigen Abbau von Arbeitsplätzen für Geringqualifizierte – eine neue, besonders armutsgefährdete Gruppe.

5.3 Erfolgreiche Wege aus der Armut

Der Übergang ins Berufsleben kann jedoch nicht nur zu einer Verfestigung oder Entstehung von Armut beitragen, sondern auch umgekehrt dazu führen, daß familiäre Armut überwunden wird.

Arme Kinder und Jugendliche sind wie alle anderen Heranwachsenden – selbst unter größten Einschränkungen – nicht nur passive Opfer ihrer Situation, sondern immer auch aktiv

Handelnde. Je nach Konstellation und Vorgeschichte gehen sie mit den gleichen Problemen (zum Beispiel beengte Wohnverhältnisse, familiale Konflikte) jeweils unterschiedlich um. Des weiteren kämpfen sie oft mit ganz unterschiedlichen Armutsfolgen oder Problemen. Das heißt in der Konsequenz, daß familiäre Armut letztlich zu ganz unterschiedlichen Lebensläufen[44] führt: Am einen Ende stehen Lebensläufe, bei denen sich mit Blick auf die Kinder die familiäre Armut verstetigt oder wiederholt. Am anderen Ende finden sich Wege, die gemessen an gesellschaftlichen Normalitätsstandards als „erfolgreich“ bezeichnet werden können, bei denen also ein sozialer Aufstieg beziehungsweise der Ausstieg aus der Armut erfolgt.

Diesen „positiven“ Fällen, die viel zu selten gesehen und untersucht werden, wurde im Rahmen der AWO-ISS-Studie in Form eigener Erhebungen nachgegangen. Über biographische Interviews mit jungen Erwachsenen, die einer armen Familie entstammen und den Übergang ins Berufsleben erfolgreich bewältigt haben, sollten Voraussetzungen respektive Bedingungen einer gelingenden Armutsbewältigung herausgearbeitet werden.

Kinder aus sogenannten Multiproblemfamilien, die nicht nur mit materiellem Mangel konfrontiert sind, sondern auch mit der Beschränkung psychosozialer und kultureller Ressourcen, mit Beziehungsabbrüchen, Sucht etc. in der Familie umgehen müssen, sind üblicherweise diejenigen, bei denen man am wenigsten von einer erfolgreichen Bewältigung, sondern eher von einer Vererbung/Verstetigung der Armut ausgeht. Nichtsdestotrotz gibt es junge Frauen und Männer, die sich selbst unter ungünstigsten familiären Voraussetzungen (mit mehr oder weniger professioneller Unterstützung von außen) von der Armut der Familie befreien und ihren Weg machen. Drei solcher Beispiele oder Lebensgeschichten wurden – neben anderen – im Rahmen der Studie ausführlich dokumentiert und analysiert. An dieser Stelle wird eine davon exemplarisch vorgestellt.

Gordana[45] → „Erfolg“ durch Verantwortungsübernahme?
„... Ich hab mir vorgenommen, daß ich, wenn ich mal älter bin, auf jeden Fall was erreichen will ...“

1. Falldarstellung

Gordana ist zum Zeitpunkt des Interviews[46] 25 Jahre alt. Sie arbeitet ganztags als Filialleiterin in einem Wäschegeschäft. Sie ist ledig und lebt mit ihrem Freund zusammen.

Sie wird 1974 in einem Arbeiter- und Zuwandererstadtteil von B., einer Großstadt in Westdeutschland, geboren. Ihre Eltern kommen aus Kroatien, sind 1970 eingewandert und haben

---

44 Wird von der prinzipiellen Offenheit der Wege und Karrieren (auch unter Armutsbedingungen) ausgegangen – wie es im Rahmen der AWO-ISS-Studie der Fall ist –, dann wird allgemein von einem „kontingenten Karrierekonzept“ gesprochen. In der Armutsforschung empirisch angewandt wurde es in erster Linie von Monika Ludwig, die die Wege/Karrieren von erwachsenen SozialhilfebezieherInnen analysiert hat (vgl. zusammenfassend Leibfried u. a. 1995, 185-201).

45 Der Name wurde verändert.

46 Das Interview fand im Januar 2000 statt.

1971 geheiratet. 1973 wird die erste der drei Töchter geboren. 1974 kommt Gordana und 1985 die jüngste Tochter der Familie zur Welt. Bis zu diesem Zeitpunkt ist der Vater, der vorwiegend als Metzger arbeitet, Alleinverdiener. Ab 1985 arbeitet auch die Mutter, zunächst als Zimmermädchen, dann als Reinigungskraft.

Als Gordana im Kleinkindalter ist, geht es der Familie wirtschaftlich recht gut. Sie macht dies an Kinderbildern und Erzählungen der Mutter fest, die berichtet, daß sie die Kinderkleider in Kinderboutiquen gekauft hat. Der Vater arbeitet zu dieser Zeit in einer Dauerstellung, die Art der Tätigkeit bleibt unklar. Dem schließt sich eine schlechte Phase an, in der der Vater wechselnde Jobs hat und recht wenig verdient. In Gordanas Kindergartenzeit (1978 bis 1981) fällt eine familiäre Krise, die zur kurzzeitigen Trennung der Eltern und zum Auszug der Mutter mit den Kindern führt. Ob sie im Frauenhaus waren oder in einer anderen Einrichtung unterkamen, kann Gordana nicht mehr sagen. Die Familie bleibt jedoch nicht lange vom Vater getrennt. Die Zeit im Kindergarten scheint generell durch größere Unsicherheiten geprägt: Es kommt des öfteren vor, daß Gordana und ihre Schwester dort „vergessen" werden oder daß die Mutter nicht zu Hause ist und die Kinder vor geschlossener Tür stehen (in einem Viertel, in dem es viele Drogenabhängige gibt). Es ist zu vermuten, daß schon zu dieser Zeit Alkoholmißbrauch auf seiten der Eltern vorliegt, über den Gordana in bezug auf spätere Lebensabschnitte offen berichtet. Noch vor der Einschulung zieht die Familie in ein anderes sogenanntes Arbeiterviertel in der Nähe um. Sie leben dort fortan (zunächst zu viert, dann zu fünft) in einer Zwei-Zimmer-Wohnung.

Der Vater bekommt zu dieser Zeit (Anfang der achtziger Jahre) eine Stelle als Metzger[47] *in einem Familienbetrieb, die er bis zum Interviewzeitpunkt durchgehend innehat. Der Vater verdient dort (bis heute!) extrem wenig (nach Gordanas Angaben etwa 1.300 DM netto). Zum Sozialamt gehen die Eltern nicht. Sogar das Kindergeld wird wohl von den Eltern nicht beansprucht. Hinzu kommt der Alkoholismus beider Eltern. Entsprechend lebt Gordana mit ihrer Familie lange Zeit in extremer Armut. Die materielle Situation der Familie ist zeitweilig so prekär, daß der Strom abgestellt und zu Hause oft kein Essen da ist. Kleidung und Wohnungsausstattung sind nur auf einem dürftigen Niveau vorhanden, es gibt bestenfalls gebrauchte Sachen (die nicht gepfändet werden können), Telefon hat die Familie nicht. Der Haushalt wird laut Gordana von der Mutter weitgehend vernachlässigt. Der Vater steht nach Arbeitsende meist am Kiosk und trinkt dort mit Bekannten, was für Gordana als Kind – außer der Tatsache, daß sie niemanden mit nach Hause bringen kann – das Schlimmste ist, denn sie wird im „Kiez" von anderen auf sein öffentliches Trinken angesprochen. Die Eltern werden als „unfähig", aber liebevoll beschrieben. Aggressivität und Schläge gibt es nicht. Der Vater ist fleißig, aber unfähig, sich zu wehren und sein Recht einzufordern.*

Gordana besucht die Grundschule im Stadtteil. Sie hat Freunde im näheren Umfeld, insbesondere eine gute Freundin. Diese ist die einzige, die die familiäre Situation halbwegs kennt. Vor anderen Außenstehenden wird alles – soweit möglich – geheimgehalten. Als sie etwa

---

47 Da nichts über eine Ausbildung des Vaters bekannt ist, handelt es sich wohl um eine Anstellung als Metzgergehilfe.

zehn Jahre alt ist, verschlimmert sich die Situation im Elternhaus: Die Mutter geht abends zumeist weg und kommt häufiger nachts nicht nach Hause. Kommt sie zurück, ist sie betrunken. Der Vater bleibt alleine mit seinen beiden Töchtern, die Angst davor haben, daß die Mutter sie ganz verlassen könnte. Diese lang andauernde Krise wird 1985 durch die erneute Schwangerschaft der Mutter beendet.

Kurz nach der Geburt der jüngsten Schwester nimmt Gordanas Mutter erstmals selber eine Arbeit auf und verdient das dringend notwendige Geld hinzu. Die Beziehung der Eltern und das Familienklima bessern sich im folgenden. Die jüngste Tochter wird nun unter anderem von Babysittern und mit Hilfe der älteren Töchter betreut.

Nach der vierten Klasse besucht Gordana eine Gesamtschule in einem anderen, aber nahegelegenen Stadtteil. Schulische Probleme hat sie – wie schon in der Grundschule – zunächst keine. In der Pubertät, mit etwa vierzehn Jahren, kommt sie in eine „schwierige Phase": Sie hat Kontakte zu kriminellen Jungen. Sie hängt mit diesen und ihrer Freundin zusammen herum, fährt in gestohlenen Autos mit und versteckt Diebesgut (Kleidung) für sie, was schließlich heraus kommt. Mit fünfzehn wird sie wegen Hehlerei zu sechzig Arbeitsstunden verurteilt, wovon ihre Eltern natürlich erfahren. Vor allem aus Scham vor den Eltern entfernt sie sich in der Folge aus diesem Kreis. Zur gleichen Zeit erfolgen der Schulwechsel in eine andere Gesamtschule, der jedoch im Interview nicht näher erläutert wird, und die Wiederholung einer Klasse. Nach dieser Phase schafft sie ohne größere Probleme ihren Realschulabschluß.

Schon während der Schulzeit arbeitet Gordana nebenher (unter anderem Zeitung austragen, Aushilfe in einer Boutique). Nach Schulabschluß (1992) kommt eine Ausbildung für sie nicht in Frage: In der elterlichen Zwei-Zimmer-Wohnung sind infolge des Bürgerkrieges in Kroatien bis zu dreizehn (!) Personen untergebracht, und Gordana muß mit zum Haushaltsunterhalt beitragen. So arbeitet sie die folgenden beiden Jahre ganztags in einer Boutique. Sie verdient etwa 1.700 DM pro Monat netto, wovon sie etwa 1.000 DM für sich zur Verfügung hat. In der Boutique wird ihr relativ bald Verantwortung übertragen. Sie kann beispielsweise zu Messen im In- und Ausland mitreisen. Nach einigen Auseinandersetzungen mit dem (koksenden) Chef kündigt sie und ist zunächst fünf Monate arbeitslos. Gordana arbeitet aber „schwarz" weiter. Dann findet sie eine neue Stelle, wiederum in einer Boutique. Etwa um diese Zeit beginnt Gordanas Beziehung mit ihrem heutigen Freund, einem Griechen aus der Nachbarschaft, den sie schon lange kennt. Nach fast drei Jahren, und nach Rückkehr der Verwandten, bemüht sich Gordana – nun schon zwanzigjährig – schließlich um einen Ausbildungsplatz. Ihr Freund und eine Sozialarbeiterin, die im nahen Jugendladen arbeitet, den Gordana schon lange kennt und besucht, (unter)stützen sie dabei. Nach nur wenigen Bewerbungen findet sie einen Ausbildungsplatz zur Einzelhandelskauffrau in einem größeren Wäschegeschäft (1995). Sie fühlt sich dort wohl und strengt sich an, so daß sie die Ausbildung um ein Jahr verkürzen kann und schon 1997 beendet. Bald danach zieht sie mit ihrem Freund zusammen in eine der elterlichen Wohnung nahegelegene Drei-Zimmer-Wohnung. Direkt im Anschluß an die Ausbildung wird sie Filialleiterin in einer kleinen, neu eröffneten Filiale ihres Ausbildungsbetriebes. Aufgrund des Auszugs und der damit verbundenen hohen

Ausgaben nimmt sie zusätzlich eine Putzstelle an, die sie erst Ende 1999 – kurz vor dem Interview – aufgibt. Gordana und ihr Freund, der als Marktleiter in einem Lebensmittelmarkt arbeitet, müssen weiterhin einen (allerdings überschaubaren) Kredit abbezahlen.

Der Kontakt zu den Eltern und den Schwestern ist bis heute sehr gut. Alle wohnen „um die Ecke". Gordana telefoniert täglich mit ihnen und organisiert viel für die Eltern. Sie und die älteste Schwester unterstützen die Eltern gelegentlich finanziell und schenken der kleineren Schwester die Sachen, die sie sich wünscht und nicht bekommen kann. Die Probleme der Eltern im materiellen Bereich und in bezug auf Alkohol usw. dauern an, sind aber – nicht zuletzt wegen der Unterstützung durch die beiden älteren Schwestern – nicht mehr so dramatisch. Insbesondere die Mutter habe gelernt, sich auch mal zu wehren und ihr Recht gegenüber Dritten (Personen und Institutionen) einzufordern.

Die übrigen sozialen Kontakte Gordanas – also jenseits ihrer Familie, der ihres Freundes und des Freundeskreis ihres Freundes – sind begrenzt. Bislang habe sie wegen der beiden Jobs dafür wenig Zeit gehabt.

Sie möchte gerne bald, in den nächsten zwei bis drei Jahren, heiraten und dann auch Kinder bekommen. Zuvor möchte sich das Paar (vor allem der Freund) noch einige Wünsche (Australienreise, Ferienhaus in Griechenland) erfüllen.

2. Zusammenfassende Übersicht

1. Besondere Bewältigungsaufgaben, Ressourcen und Coping in der **Kindheit**		
Bewältigungsaufgaben (Belastungen und Probleme)	Ressourcen/positive Einflüsse	Copingstrategie
• (Extreme) Armut • Ausgrenzung und Stigmatisierung • Trennungs- und Verlustangst (phasenweise)	• Liebe der Eltern, gutes Eltern-Kind-Verhältnis • Fast gleichaltrige Schwester als Bündnispartnerin • Viele Kinder im Umfeld, gute soziale Kontakte • Geburt der kleinen Schwester/ des „Kittkindes"	• Geheimhalten/verdecken der Probleme • Zusammenhalten • Verharmlosung • Auf die Straße/zu anderen gehen ➔ zeitweilige Flucht
2. Besondere Bewältigungsaufgaben, Ressourcen und Coping in der **Jugend**		
Bewältigungsaufgaben (Belastungen und Probleme)	Ressourcen/positive Einflüsse	Copingstrategie
• Sicherung der materiellen Existenz • Sicherung der sozialen Teilhabe • Abweichende Normen und Verhaltensmuster in der Peergroup	• Mutter wird aktiver, lebenstüchtiger • Gutes Eltern-Kind-Verhältnis • Eltern als „funktionierende moralische Instanz" • Handlungskompetenz • Jugendladen als Anlaufstelle, feste Kontaktpersonen	• Aktiv werden (u. a. früh selbst Geld verdienen) • Sich selbst kümmern • Übernahme von Verantwortung • Eigene Entwicklung/Wünsche zurückstellen • Verharmlosen?

3. *Bewältigungsaufgaben, Ressourcen und Handlungsmuster in der* ***Ablösephase***		
Bewältigungsaufgaben (Belastungen und Probleme)	*Ressourcen/positive Einflüsse*	*Handlungsmuster*
• *„Absprung" von der angelernten Tätigkeit* • *„Absprung" von zu Hause* • *Materielle Absicherung der Haushaltsgründung*	• *Freund/Partner als treibende Kraft* • *Sozialarbeiterin als kompetente Vertrauensperson* • *Verständnisvoller Arbeitgeber*	• *Hohe Eigenaktivität in bezug auf materielle Absicherung* • *Die Vernünftige, Sorgende bzw. Sich-Kümmernde sein* • *Zurückstellen der eigenen Bedürfnisse* • *Wenig Bemühungen um Abgrenzung/Autonomie, Weiterentwicklung nur durch Anstoß von außen* • *Klare und realistische Zukunftsplanung*

Soweit – kurzgefaßt – die Lebensgeschichte Gordanas und ein Überblick über ihre besonderen Bewältigungsaufgaben, Ressourcen und Copingstrategien. Was läßt sich an Hinweisen daraus ableiten, was fällt auf? Zunächst einmal beeindruckt die enorme Leistung, die Gordana vollbracht hat: Sie schafft den Sprung in die „Normalität", in ein eigenständiges Berufs- und Privatleben, ohne sich dabei von ihrer Herkunftsfamilie abzugrenzen. Die ausführliche Analyse des Interviewtextes zeigt, daß in ihrem Fall die Verharmlosung der früheren familiären Lebensbedingungen und die positive Bewertung des Verhältnisses zu den Eltern gepaart sind mit einer frühzeitigen Übernahme von Verantwortung und dem Streben nach einem gesicherten, „normalen" Leben. In ihrem Fall scheint es gerade diese Kombination von Sichtweisen und Haltungen zu sein, die eine erfolgreiche Armuts- und Lebensbewältigung stützt: Nur durch die Entdramatisierung der häuslichen Situation und die Definition der Eltern als liebevoll, aber unfähig wird es ihr in der Jugend und heute möglich, ihre eigenen Ressourcen im Sinne einer Normalisierung einzusetzen. Sie erkennt, daß sie – wenn sie ihre eigene Situation und die ihrer Familie verbessern will – selber aktiv werden muß, und erfährt in diesem Aktivwerden, in der Übernahme von Verantwortung, im „Sich-Kümmern", immer wieder auch Unterstützung von außen: in der Kindheit vor allem im näheren sozialen Umfeld im Stadtteil, bei anderen Kindern und ihren Familien. Später spielt unter anderem ein Jugendladen mit festen Kontaktpersonen im Stadtteil eine fördernde und unterstützende Rolle[48], aber auch die Anerkennung der Eltern. Schließlich fördern ihr Partner und ein verständnisvoller Arbeitgeber den Weg in die Autonomie. Diese ist gleichwohl durch die extrem engen Bindungen an ihre Herkunftsfamilie eingeschränkt.

Was verbindet nun Gordanas Weg, ihre Haltungen und Handlungen mit den anderen untersuchten „Fällen"? Bei aller Verschiedenheit haben sie eines gemeinsam: die Erkenntnis und

48 Die Kinder- und Jugendhilfe hatte in den untersuchten Biographien sehr unterschiedliche Bedeutung: Alle theoretisch denkbaren Varianten – von „keine Bedeutung" bis zur „zentralen Rolle" – waren zu finden. Dies weist zum einen auf ein weiterhin notwendigerweise differenziertes Unterstützungsangebot hin, zum anderen belegt es auch den Erfolg existierender Maßnahmen zur Unterstützung benachteiligter Kinder und Jugendlicher.

Überzeugung der Jugendlichen, ihr Leben selber in die Hand nehmen zu können (oder gar zu müssen), und den Wunsch nach materieller Selbständigkeit und Sicherheit sowie „Normalität“ und gesellschaftlicher Anerkennung. Die Wege und die konkreten Copingformen unterscheiden sich dabei deutlich. Auch der Unterstützungsbedarf ist sehr verschieden. Für den „erfolgreichen“ Weg von benachteiligten Kindern und Jugendlichen ins Erwachsenenleben gibt es dementsprechend kein Patentrezept.

Die folgenden, mit Blick auf alle im Rahmen der AWO-ISS-Studie untersuchten Fälle formulierten Thesen respektive allgemeinen Befunde können aufgrund der beschränkten Zahl der Lebensgeschichten nur erste Grundlinien formulieren, an denen sich die Diskussion um konkrete Maßnahmen in Praxis und Politik orientieren sollte. Es besteht in diesem Bereich weiterer Forschungsbedarf.

Die zusammenfassenden Ergebnisse sollen im folgenden in Hypothesenform dargestellt werden.

1. Sicherheit in Form stabiler Beziehungen und emotionaler Zuwendung zumindest in den ersten Lebensjahren ist ein wichtiger Faktor für eine „erfolgreiche“ Sozialisation von (armen) Kindern und Jugendlichen.[49] Deshalb sind ganz besonders Familien mit kleinen Kindern zu stärken und zu unterstützen.

2. Das Erleben von Ausgrenzung ist eine zentrale Lebenserfahrung im Leben aller armen Kinder und Jugendlichen. Nur durch das Empfinden von Anerkennung und Bestätigung innerhalb **und** außerhalb der Familie gelingt es ihnen zu lernen, mit dem materiellen Mangel und seinen Begleit- und Folgeerscheinungen umzugehen.

3. Das Dazugehören, die Teilhabe an gesellschaftlich üblichen Aktivitäten und die damit verbundenen Erfahrungsmöglichkeiten sind für arme Kinder und Jugendliche nicht selbstverständlich. Für sie haben (Freizeit-)Angebote in Kinder- und Jugendeinrichtungen, Vereinen und Schulen ganz zentrale Bedeutung. Oftmals erfahren und erlernen sie erst dadurch die unerläßlichen sozialen und kulturellen Regeln und Kompetenzen innerhalb eines „Normallebenslaufes“.

4. Die Schule als der über eine lange biographische Phase hinweg – neben der Familie – zentrale Lebens- und Erfahrungsraum von Kindern und Jugendlichen kann unter günstigen strukturellen, konzeptionellen und personellen Voraussetzungen ein Ort der Bestätigung und auch ein Schonraum gerade für solche Kinder und Jugendliche werden, die zu Hause mit großen Belastungen zu kämpfen haben.

5. Orientierungen, Handlungsmuster und Copingformen entwickeln sich bereits in den frühen Lebensjahren und verfestigen sich in Kindheit und Jugend. Sollen diese beeinflußt

---

49 Damit bestätigt sich über die biographischen Fallanalysen ein wesentlicher Befund der im Rahmen der AWO-ISS-Studie durchgeführten Erhebungen zu Armut im Vorschulalter (vgl. Band 3 und 4).

werden, um die späteren Chancen der Heranwachsenden zu erhöhen, dann gilt es, familiär und gesellschaftlich entsprechend früh zu agieren.

6. Die Handlungsmuster in der (erfolgreichen) Bewältigung von Armutslagen weisen deutliche geschlechtsspezifische Unterschiede auf: Mit der materiell beengten Situation – vor allem in großen Familien – gehen für Mädchen besondere Belastungen in Form von Familienaufgaben einher, denen sie sich stellen müssen. Zumeist gestalten sie diese Anforderung aktiv. Sie übernehmen damit Verantwortung nicht nur für sich selbst, sondern auch für andere. So gewinnen sie eine große Handlungs- und Gestaltungskompetenz.[50] (Arme) Mädchen sind zumeist „Macherinnen für andere“. (Arme) Jungen wählen eher einen anderen Weg, sie werden zu „Machern für sich selbst“.

7. Armut stellt sich in der Jugendzeit verstärkt auch als Mangel an Ressourcen dar. Dieses Defizit und der hohe Konsumdruck im Jugendalter führen zu einer frühen Erwerbstätigkeit der betroffenen männlichen und weiblichen Jugendlichen.

   Sobald es irgendwie möglich ist, fangen die untersuchten „erfolgreichen“ Jugendlichen an, selbst Geld zu verdienen, um sich etwas leisten zu können. Dies führt zum einen zu einer frühen (materiellen) Autonomie und auch zur Erkenntnis, über die eigene Leistung beziehungsweise Arbeit gesellschaftlich teilhaben zu können. Zum anderen schränkt es die „freien“ Zeiten der Jugendlichen für Freizeitaktivitäten und Schule zum Teil deutlich ein.

   Eine weitere Alternative, zu Geld oder zu den ersehnten Gütern zu kommen, ist das Stehlen. Diese Variante wird von „erfolgreichen“ Jugendlichen jedoch kaum – und wenn, dann nur kurzfristig – gewählt. Sie orientieren sich vielmehr an den gesellschaftlich akzeptierten Formen des Gelderwerbs und erlernen so früher als andere die Regeln der Erwachsenen- beziehungsweise Erwerbsgesellschaft, was ihnen im späteren Leben eher Vor- als Nachteile beschert.

8. Trotz Armut und Benachteiligung dennoch Erfolge zu schaffen und damit familiäre respektive gesellschaftliche Bestätigung zu erhalten, ist ein zentraler Faktor für das Bemühen der betroffenen Kinder und Jugendlichen um sozialen Aufstieg oder den Ausstieg aus der Armut.

   Um ihr individuelles Bemühen zu stützen und zu fördern, bedarf es sensibler, flexibler und sehr individueller Angebote durch die Gesellschaft. Das ist die große Verpflichtung aller Institutionen, gleich ob Kindertageseinrichtung, Schule, Berufsschule, Ausbildungsstätte, Arbeitgeber oder Kinder- und Jugendhilfe. Bis dato greift hier zumeist die Stigmatisierung des armen respektive benachteiligten Jugendlichen und nicht eine Orientierung an den Ressourcen und Leistungen der Betroffenen. Ein Paradigmenwechsel von der

---

50 Der Freiraum beziehungsweise Entfaltungsspielraum der Mädchen wird hierdurch jedoch in der Pubertät ganz deutlich eingeschränkt. Später fordert die intensive häuslich-familiäre Einbindung den Mädchen oder jungen Frauen große, potentiell konfliktträchtige Abgrenzungsleistungen ab.

„Defizitorientierung“ zur „Kompetenz-/Ressourcenorientierung“ bei armen Jugendlichen ist dringend geboten.

Weiterhin ist (unter anderem mit Blick auf Kapitel 5.2) beständig zu fragen, ob und wie die allgemeinen gesellschaftlichen Rahmenbedingungen – insbesondere in der Schule und auf dem Arbeitsmarkt – verbessert werden können, um der einzelnen oder dem einzelnen den Übertritt biographischer Schwellen zu erleichtern, um die „Verhältnisse“, aus denen heraus die Heranwachsenden „etwas aus sich machen müssen“, weniger restriktiv zu gestalten.

Literatur

Althoff, Heinrich (1999): Der Übergang in die betriebliche Berufsausbildung 1977 und 1997, in: Bildung, Wissenschaft, Politik – BWP, Heft 28/1999/1, S. 7 ff.

BMBF = Bundesministerium für Bildung und Forschung (Hg.) (1999): Jugendliche ohne Berufsausbildung. Eine BIBB/EMNID-Untersuchung, Bonn.

Dangschat, Jens (1996): Du hast keine Chance, also nutze sie! Arme Kinder und Jugendliche in benachteiligten Stadtteilen, in: Mansel, Jürgen; Klocke, Andreas (Hg.): Die Jugend von heute. Selbstanspruch, Stigma und Wirklichkeit, Weinheim/München, S. 152-173.

Deutsche Shell (Hg.) (2000): Jugend 2000. 13. Shell-Jugendstudie, Opladen.

Frick, Joachim R.; Wagner, Gert G. (1999): Short term living conditions and long term prospects of immigrant children in Germany. Paper prepared for the LIS-Conference: Child Wellbeing in rich and transition countries: Are children in growing danger of social exclusion?, September 30 – October 2, Luxembourg.

Helsper, Werner u. a. (1991): Jugendliche Außenseiter. Zur Rekonstruktion gescheiterter Bildungs- und Ausbildungsverläufe, Opladen.

Hock, Beate; Holz, Gerda (Hg.) (2000): Erfolg oder Scheitern? Arme und benachteiligte Jugendliche auf dem Weg ins Berufsleben (= Band 5), Frankfurt am Main.

Leibfried, Stephan u. a. (1995): Zeit der Armut. Lebensläufe im Sozialstaat, Frankfurt am Main.

Statistisches Bundesamt (Hg.) (2000): Datenreport 1999. Zahlen und Fakten über die Bundesrepublik Deutschland, herausgegeben von Bundeszentrale für politische Bildung, Band 365, Bonn.

Tessaring, Manfred (1994): Langfristige Tendenzen des Arbeitskräftebedarfs nach Tätigkeiten und Qualifikationen in den alten Bundesländern bis zum Jahre 2010, in: MittAB, Heft 1/1994, S. 5 ff.

6 „Armut vor Ort“ – Verbreitung, Wahrnehmung und Umgang mit (Kinder-)Armut in AWO-Einrichtungen[51]

Galt in den vorangegangenen Kapiteln das Interesse unmittelbar den (armen) Kindern und Jugendlichen, so wird im weiteren das Augenmerk auf (AWO-)Einrichtungen der Kinder-, Jugend- und Familienhilfe und die Perspektive der Fachkräfte Sozialer und erzieherischer Arbeit gerichtet.

6.1 Anzahl und Verteilung der AWO-Einrichtungen im Bereich Kinder-, Jugend- und Familienhilfe

1998 wurde eine Erhebung in allen Kinder-, Jugend- und Familienhilfeeinrichtungen der Arbeiterwohlfahrt durchgeführt. Die in Form einer Vollerhebung innerhalb des Verbandes erstmals durchgeführte Befragung sollte Erkenntnisse liefern über

- die Verbreitung von Armut bei den von der AWO betreuten Kindern und Jugendlichen,
- die Wahrnehmung von Kinder- und Jugendarmut seitens der Fachkräfte,
- den individuellen, institutionellen und verbandlichen Umgang mit Kinder- und Jugendarmut.

Neben der Vorbereitung zu weiteren Untersuchungsschritten diente die Einrichtungserhebung vor allem dazu, einen Überblick über die verbandlichen Gesamtaktivitäten im Bereich der Kinder- und Jugendarbeit im allgemeinen und über die zu untersuchende Zielgruppe im besonderen zu erhalten. Es sollte weiterhin eine Sensibilisierung der AWO-MitarbeiterInnen für die Problematik bewirkt werden.

Von den bundesweit etwa 4.000 in Frage kommenden AWO-Einrichtungen, die direkt oder indirekt mit Kindern und/oder Jugendlichen arbeiten, beteiligten sich knapp 2.800 an der Erhebung. Die Rücklaufquote liegt damit bei rund 75 Prozent und ist als sehr gut einzuschätzen (vgl. auch Anhang 1).

Kinder und Jugendliche (und ihre Familien) werden von der AWO in einer Vielzahl von Einrichtungen – von der Krippe über die Erziehungsberatungsstelle bis zur Lehrwerkstätte – betreut. Mit gut der Hälfte der Einrichtungen (51 Prozent) liegt der größte Teil im Bereich „Tageseinrichtungen/Tagespflege“. Es folgen mit Abstand die Bereiche „Jugendarbeit/Jugendsozialarbeit“ und „(Psycho-)Soziale Beratung und Familienhilfe“ mit jeweils etwa 14 Prozent, die „Hilfen zur Erziehung“ mit etwa zwölf Prozent und schließlich die „Migrations-

51 Die in diesem Kapitel wiedergegebenen Ergebnisse können besonders interessierte LeserInnen in ausführlicherer Form in Band 2 nachzulesen, der die Einrichtungsbefragung dokumentiert. Dazu liegt auch ein eigener Tabellenband vor. Zum Teil wird auch auf Befunde aus einer Expertenbefragung rekurriert, die in Band 1 (73-81) festgehalten sind.

arbeit“ mit knapp sieben Prozent.[52] Angesichts dieser Verteilung kommt den „Tageseinrichtungen“ und damit den dort betreuten Altersgruppen eine herausragende Rolle in der AWO-ISS-Studie insgesamt zu.

Tab. 11: Verteilung der Einrichtungstypen in Ost- und Westdeutschland

Typ der Einrichtung	Ostdeutschland (in Prozent)	Westdeutschland (in Prozent)
Jugendarbeit/Jugendsozialarbeit	16,7	12,5
(Psycho-)Soziale Beratung, Familienhilfe	17,4	12,3
Tageseinrichtungen, Tagespflege	39,0	56,1
Hilfen zur Erziehung	18,8	8,9
Migrationsarbeit	5,4	7,0
Sonstige Einrichtungen	2,7	3,3
N gesamt	*810*	*1.892*

Quelle: Einrichtungserhebung AWO-ISS-Studie 1998.

Damit stehen nicht nur erstmals umfassende Informationen zu den Kinder-, Jugend- und Familienhilfeeinrichtungen der AWO zur Verfügung, sondern ebenso verallgemeinerbare Erkenntnisse zur Verbreitung, zur Wahrnehmung und zum Umgang von Armut bei Kindern und Jugendlichen in den entsprechenden Einrichtungen. Dieses Wissen läßt durchaus Rückschlüsse auf die Stärken und Schwächen sowie über die Handlungsmöglichkeiten und Handlungsbedarfe des deutschen Kinder- und Jugendhilfesystems zu.

---

52 Der Bereich **„Tageseinrichtungen/Tagespflege“** umfaßt Krippen, Kindertagesstätten, Kindergärten, Horte, Tagesheime und Spielstuben. Der Bereich **„Jugendarbeit/Jugendsozialarbeit“** umfaßt Jugendfreizeiten, Tagesfreizeitstätten, örtliche Erholungshilfe, allgemeine und berufsbildende Schulen, Berufsvorbereitung für arbeitslose Jugendliche, Lehrwerkstätten, Clubs für Jugendliche und Hausaufgabenhilfe. Der Bereich **„(Psycho-)Soziale Beratung und Familienhilfe“** umfaßt alle Beratungsangebote, ausgenommen Beratung für MigrantInnen, AussiedlerInnen, Flüchtlinge und AsylbewerberInnen, sowie den Bereich der Familienbildung, Familienerholung und Familienfreizeit. Der Bereich **„Hilfen zur Erziehung“** faßt alle teilstationären und stationären Angebote für Kinder und Jugendliche, Betreutes Wohnen, erzieherische Betreuung, soziale Gruppenarbeit, Erziehungsbeistandschaften, die Sozialpädagogische Familienhilfe und ähnliche Angebote zusammen. Der Bereich **„Migrationsarbeit“** umfaßt alle Angebote für MigrantInnen, AussiedlerInnen, Flüchtlinge und AsylbewerberInnen.

6.2 Struktur und sozialer Hintergrund der NutzerInnen

Von der AWO betreute Kinder und Jugendliche: Alter, Geschlecht und Herkunft

Aus der Angebotsstruktur der AWO-Einrichtungen resultiert die **Altersstruktur** der NutzerInnen[53]. Die Hauptgruppe der AWO-NutzerInnen sind Kinder im Alter zwischen drei und sechs Jahren. Ihr Anteil an allen von der AWO betreuten Kindern und Jugendlichen beträgt knapp 37 Prozent. Mit etwa 17 Prozent folgen die Kinder im Grundschulalter (zu diesen und allen übrigen Angaben vgl. Tabelle 12). Nicht zuletzt der Rechtsanspruch auf einen Kindergartenplatz hat die Drei- bis Sechsjährigen zur zahlenmäßig bedeutsamsten Nutzergruppe der Kinder- und Jugendarbeit der AWO gemacht.

Tab. 12: Altersstruktur und Nationalität/Herkunft der von der AWO betreuten Kinder und Jugendlichen (Zahlen vom Februar 1998)

Alter in Jahren	Anzahl der betreuten Kinder/Jugendlichen	Prozent aller Kinder/Jugendlichen
Unter 3 Jahre	14.138	7,2
3 bis unter 6 Jahre	72.028	36,7
6 bis unter 10 Jahre	33.958	17,3
10 bis unter 14 Jahre	25.607	13,0
14 bis unter 18 Jahre	27.587	14,0
Jugendliche über 18 Jahre	23.163	11,8
Gesamt	196.481	100,0
Davon: AusländerInnen	*37.905*	*19,3*
AussiedlerInnen	*17.757*	*9,0*

Angaben von 2.546 Einrichtungen.

Quelle: Einrichtungserhebung AWO-ISS-Studie 1998, Berechnungen des ISS.

Mädchen sind mit Blick auf ihren Bevölkerungsanteil leicht unterrepräsentiert. Dies trifft vor allem für Mädchen ab dem vierzehnten Lebensjahr und für ausländische Mädchen zu.

Dagegen zeichnen sich die AWO-Einrichtungen durch einen hohen Anteil an **MigrantInnen** aus. Während der Anteil an Kindern und Jugendlichen ohne deutschen Paß in den untersuchten Altersgruppen bundesweit bei rund 14 Prozent liegt, ist in den AWO-Einrichtungen durchschnittlich jede/r Fünfte ausländischer Nationalität. Darüber hinaus sind rund neun Pro-

53 In den 2.546 Einrichtungen, die Angaben zur Anzahl und Altersstruktur ihrer NutzerInnen machten, wurden im Februar 1998 etwa 196.000 Kinder und Jugendliche betreut. Eine exakte Zahl für die AWO insgesamt konnte aufgrund nicht vollständiger Angaben nicht ermittelt werden.

zent der AWO-NutzerInnen AussiedlerInnen, während es im Bundesdurchschnitt in dieser Altersgruppe nur knapp sechs Prozent sind[54]. Diese Zahlen weisen darauf hin, daß die AWO ihr verbands- und sozialpolitisches Engagement für MigrantInnen durchaus erfolgreich umsetzt.

Sozialräumliche Lage der AWO-Einrichtungen und Lebensumstände der NutzerInnen

AWO-Einrichtungen werden vor allem von Kindern und Jugendlichen aus der nahen lokalen Umgebung (zum Beispiel Stadtteil) besucht. Etwa drei Viertel der NutzerInnen leben im engeren Umfeld etwa der Kindertagesstätte oder der Jugendfreizeitstätte. Die Einrichtungen mit eben diesem starken lokalen Bezug liegen nach Einschätzung der MitarbeiterInnen häufig in Gegenden mit sozialen Problemlagen: Gut 35 Prozent der Befragten geben an, daß ihre Einrichtung in einer Gegend mit hoher Arbeitslosigkeit liegt, knapp 31 Prozent verweisen auf eine hohe Sozialhilfequote in der direkten Umgebung und etwa 16 Prozent auf eine niedrige Wohnqualität. Etwa 15 Prozent der untersuchten AWO-Einrichtungen in Westdeutschland und etwa fünf Prozent in Ostdeutschland liegen gemäß Befragung in stark belasteten Lagen mit hoher Arbeitslosigkeit, hoher Sozialhilfedichte **und** niedriger Wohnqualität (vgl. Tabelle 13). Der allgemeine Anspruch des Verbandes, Ansprechpartner für „sozial benachteiligte Gruppen" zu sein und entsprechend tätig zu werden, scheint mit Blick auf das Einzugsgebiet vieler Einrichtungen realisiert.

Diese Informationen zum räumlichen Umfeld der AWO-Einrichtungen decken sich mit den Angaben der AWO-Fachkräfte zu den Lebensumständen der von ihnen betreuten Kinder und Jugendlichen:

- Etwa jede vierte Einrichtung hat einen hohen Anteil an Sozialhilfe beziehenden Kindern und Jugendlichen.

- In etwa jeder dritten Einrichtung ist der Anteil an Kindern und Jugendlichen mit mindestens einem arbeitslosen Elternteil hoch.

- In etwa jeder sechsten Einrichtung werden sehr viele Minderjährige aus kinderreichen Familien betreut.

- In etwa jeder fünften Einrichtung ist der Anteil an Kindern und Jugendlichen aus einem Ein-Eltern-Haushalt hoch.

---

54 Zu den bundesweiten Vergleichszahlen vgl. Frick/Wagner 1999, 33; Zahlen für Null- bis Sechzehnjährige aus dem Jahr 1995/1996 auf Basis des Sozioökonomischen Panels.

Tab. 13: Anteil an Einrichtungen mit stark belasteter beziehungsweise besonders günstiger* Lage (nach Ost-/Westdeutschland und Einrichtungstyp)**

Region/Einrichtungstyp	Anteil der Einrichtungen mit stark belasteter Lage		Anteil der Einrichtungen mit besonders günstiger Lage	
	N	Prozent	N	Prozent
Region				
Westdeutschland	153	14,6	140	13,4
Ostdeutschland	16	4,8	6	1,8
Einrichtungstyp				
Jugendarbeit/Jugendsozialarbeit	41	20,7	10	5,1
(Psycho-)Soziale Beratung, Familienhilfe	22	40,7	1	1,9
Tageseinrichtungen, Tagespflege	78	7,8	134	13,5
Hilfen zur Erziehung	11	22,9	1	2,1
Migrationsarbeit	10	18,9	1	1,9
Andere Einrichtungen	6	40,0	0	–

* Stark belastete Lage = Arbeitslosigkeit hoch, Sozialhilfebezug hoch, Wohnqualität niedrig.
Besonders günstige Lage = Arbeitslosigkeit niedrig, Sozialhilfebezug niedrig, Wohnqualität hoch.

** Einbezogen wurden nur Einrichtungen mit engem lokalen Bezug (> 75 % der NutzerInnen aus der näheren Umgebung).

Quelle: Einrichtungserhebung AWO-ISS-Studie 1998.

Die soziale Situation der betreuten Kinder und Jugendlichen schwankt von Einrichtungstyp zu Einrichtungstyp stark. Je nach Aufgabenstellung der Einrichtung beziehungsweise des Angebotes sind die NutzerInnen mehr oder weniger sozial benachteiligt. Insbesondere die Einrichtungen aus den Bereichen „Hilfen zur Erziehung“ und „Migrationsarbeit“ haben mit vielen armen Kindern und Jugendlichen zu tun. Es deutet sich jedoch an, daß es selbst unter den „Standardeinrichtungen“ wie zum Beispiel Kindertagesstätten mehr als genügend Einrichtungen gibt, die täglich mit vielen armen Kindern zu tun haben, so daß also auch dort erzieherische und sozialpädagogische Arbeit die negativen Auswirkungen von Armut bewältigen helfen kann.

Wahrnehmung der Armutsentwicklung durch die Fachkräfte

Von den Fachkräften wurde folgende Tendenz bezüglich der sozialen Lage der von ihnen betreuten Kinder und Jugendlichen festgestellt: Armut hat innerhalb ihres beruflichen Umfeldes an Bedeutung gewonnen. Über drei Viertel der Befragten gehen von einer Zunahme der Armutsbetroffenheit in ihren Einrichtungen in den letzten Jahren aus. Die AWO-Beschäftigten in Ostdeutschland konstatieren dies deutlich häufiger als Beschäftigte in Westdeutschland (82 versus 76 Prozent). Noch gravierender sind die Unterschiede im Stadt-Land-Vergleich: Je größer die Kommune ist, in der die Einrichtung liegt, desto mehr sehen sich die dortigen Fachkräfte mit (den Auswirkungen) zunehmender Verarmung ihrer NutzerInnen beziehungsweise Verarmungstendenzen im Umfeld konfrontiert.[55]

Verarmungstendenzen werden auch je nach Einrichtungstyp unterschiedlich stark wahrgenommen: Neun von zehn Fachkräften aus den Bereichen „Beratung“ und „Migrationsarbeit“ und acht von zehn aus dem Bereich „Hilfen zur Erziehung“ konstatieren eine Zunahme der Armutsbetroffenheit in ihrem beruflichen Umfeld und nehmen damit die Entwicklung deutlicher wahr als Fachkräfte aus Tageseinrichtungen (dort gehen 70 Prozent von einer Zunahme aus).

Alles in allem läßt sich festhalten, daß das Gros der AWO-Fachkräfte sowohl mit Blick auf ihr Umfeld als auch mit Blick auf die Lebensumstände ihrer NutzerInnen und nicht zuletzt mit Blick auf die Entwicklungstendenzen Armut von Kindern und Jugendlichen als wichtiges Problem wahrnehmen.

6.3 Das Armutsverständnis der AWO-Fachkräfte

Eine unabdingbare Voraussetzung für die erfolgreiche Vermeidung von und den Umgang mit Armut und Armutsfolgen ist deren Wahrnehmung. Dies setzt zum einen ein persönliches beziehungsweise fachliches Verständnis von Armut und Benachteiligung voraus, zum anderen bedarf es der Kenntnis über die materielle und soziale Situation der Betroffenen, ihrer Familien, des Umfeldes, aber auch der Familienbiographie. Die Fachkräfte müssen über die Lebenssituation der von ihnen betreuten Kinder und Jugendlichen sowie über Armutsgefährdungen und Armut informiert sein, um sinnvolle professionelle Unterstützung gewährleisten zu können.

Bereits die qualitative Vorstudie zur Einrichtungserhebung, in der über 70 Fachkräfte verschiedenster Einrichtungen der Kinder-, Jugend- und Familienhilfe zu ihrem Verständnis und ihrer Wahrnehmung von Armut befragt wurden, ergab, daß den AWO-Fachkräften ein eindimensionaler, rein materieller Armutsbegriff fremd ist. Armut heißt aus Sicht derjenigen, die Soziale Arbeit oder Erziehungsarbeit leisten, zwar materielle Unterversorgung, genauso betont wurden jedoch auch emotionale/seelische Defizite sowie Benachteiligungen im kulturellen und sozialen Bereich. Ein beispielhaftes Statement einer Mitarbeiterin aus einer Stadtteilberatungsstelle:

„Armut zeigt sich grundsätzlich mit zwei Gesichtern: materiell und immateriell. Je nachdem mit welchem Hilfeersuchen die Kinder/Eltern an die Beratungsstelle beziehungsweise Schuldnerberatung herantreten, steht erst einmal die materielle oder die immaterielle Armut im Vordergrund. Im weiteren Beratungsverlauf zeigt sich dann aber jeweils die andere Seite.“

---

55 In Kommunen mit mehr als 500.000 EinwohnerInnen gaben etwa 46 Prozent der Fachkräfte die Antwort „Die Armut hat stark zugenommen", in Kommunen mit weniger als 2.000 EinwohnerInnen waren es nur knapp 18 Prozent.

In der Analyse der Interviewstatements der Fachkräfte konnten insgesamt neun Dimensionen unterschieden werden (vgl. Abbildung 15). Neben der materiellen Dimension nannten die Fachkräfte besonders häufig die seelische/emotionale Dimension.

Weiterhin wurden die Erscheinungsformen von Armut in Abhängigkeit vom Alter der Kinder und Jugendlichen differenziert: Armut in der Kindheit bedeute vor allem ein Entwicklungs- und Sozialisationsdefizit. Armut in der Jugend sei stärker mit materiellem Mangel verbunden und somit als Ressourcendefizit zu betrachten.

In der Einrichtungsbefragung wurden die AWO-MitarbeiterInnen differenzierter zu ihrem individuellen Armutsverständnis befragt. Auf der Grundlage von 32 vorgegebenen Merkmalen, die mit Armut in Zusammenhang gebracht werden, wurden sie gebeten, ihre Zustimmung oder Ablehnung auf einer fünfstufigen Bewertungsskala anzugeben. Etwa die Hälfte der Befragten nutzte diese Frage zur Diskussion im Kollegenkreis. Überdurchschnittlich oft diskutierten die Fachkräfte in den „Tageseinrichtungen“ das Armutsverständnis gemeinsam: ein positiver Nebeneffekt der Befragung, erfolgt doch bereits darüber eine Sensibilisierung.

Weitgehend Zustimmung finden die folgenden Indikatoren von Armut bei Kindern und Jugendlichen (mehr als zwei Drittel der Befragten antworten mit „stimme völlig zu“ oder „stimme eher zu“):

- „Auf der Straße leben“
- „In einer Notunterkunft leben“ (Familie)
- „Zu Hause vernachlässigt werden“
- „Als Jugendlicher arbeitslos sein“
- „Überschuldet sein“ (Familie)
- „Nicht lesen oder schreiben können“
- „Keine emotionalen Bindungen eingehen können“
- „Mißhandelt werden“
- „Regelmäßig Drogen nehmen“
- „Sozialhilfe beziehen“ (Familie)

Vor allem bei den „klassischen“ materiellen Armutsindikatoren wie Sozialhilfebedürftigkeit, Obdachlosigkeit, Arbeitslosigkeit und Überschuldung ist eine breite Zustimmung vorhanden. Aber genauso finden einige Aspekte kultureller („Nicht lesen oder schreiben können“) und vor allem sozialer Unterversorgung („Keine emotionalen Bindungen eingehen können“, „Mißhandelt werden“, „Zu Hause vernachlässigt werden“) große Zustimmung.

Abb. 15: Dimensionen von Armut bei Kindern und Jugendlichen aus Sicht von ExpertInnen

Materielle Unterversorgung/Defizite (v.a. Wohnen, Basisversorgung) **„Materielle Armut“** ① — 24 %	Defizite im Bereich sozialer Kontakte **„Soziale Armut“** ④ — 7 %	Vernachlässigung(szeichen), Mißhandlung, Gewalt **„Vernachlässigung, Gewalt“** ⑦ — 7 %
Benachteiligung/Defizite im Bereich Schule/Ausbildung, fehlender Ausbildungsplatz **„Bildungsbenachteiligung“** ② — 6 %	Keine Werte vorhanden, defizitäre Wertevermittlung, auch kriminelles Coping **„Fehlende Werte“** ⑤ — 4 %	**„Falsche Versorgung“** ⑧ (Konsumgüter ja, Essen nein etc.) — 9 %
Nicht genügend Anregungen im kulturellen/geistigen Bereich **„Geistige/kulturelle Armut“** ③ — 9 %	Zu wenig Zuwendung durch die Eltern, emotionale Defizite, psychische Überforderung **„Seelische/emotionale Armut“** ⑥ — 26 %	Unsicherer Status, eingeschränkte Rechte, Leben zwischen den Kulturen **„Ausländerspezifische Benachteiligung“** ⑨ — 8 %

(x %) = relativer Anteil an den Nennungen.

Datenbasis: AWO-ISS-Studie – ExpertInneninterviews; Gespräche: N = 50; befragte Personen: N = 73; Aussagen: N = 163; vergebene Klassifikationen: N = 236.

Eher Ablehnung erfahren folgende (Armuts-)Indikatoren (dabei antwortet mehr als die Hälfte der Befragten mit „stimme nicht zu“ oder „stimme überhaupt nicht zu“):

- „Kein Auto haben“ (Familie)
- „Eine geringe Schulbildung haben“ (Eltern)
- „Geschieden sein/getrennt leben“ (Eltern)
- „Nicht die angesagten Klamotten/Spielsachen bekommen“
- „Eine Förderschule besuchen“
- „Körperlich behindert sein“
- „Geistig behindert sein“
- „Kein eigenes Zimmer haben“

Eine „relative Unterversorgung“ beziehungsweise eingeschränkte Teilhabe im Bereich Konsum wird eher selten als Armut aufgefaßt: Zum Beispiel lehnen 82 Prozent der Befragten den Armutsindikator „Kein Auto haben“ und 86 Prozent den Armutsindikator „Nicht die angesagten Klamotten/Spielsachen bekommen“ ab. Auch sieht mehr als die Hälfte der Befragten es nicht als einen Armutsindikator an, „kein eigenes Zimmer“ zu haben. Dies rührt wohl eher daher, daß zumindest bei kleinen Kindern ein eigenes Zimmer als nicht notwendig erachtet und damit auch nicht als Zeichen einer Unterversorgung gewertet wird.

Ost-West-Unterschiede in der Wahrnehmung von Armut sind mit Ausnahme von zwei Merkmalen (Asyl, Kriminalität) gering. Stadt-Land-Unterschiede sind ebenfalls marginal. Bei einigen Merkmalen (zum Beispiel Arbeitslosigkeit) finden sich jedoch regionale Differenzierungen, die weitergehender Analysen bedürfen, als sie im Rahmen der vorliegenden Erhebung möglich waren.

Unterschiede nach Einrichtungstypen sowie nach Profession und Position der MitarbeiterInnen deuten darauf hin, daß vor allem der konkrete Arbeitsbereich und die Art des Kontaktes mit den Kindern/Jugendlichen und deren Familien entscheidend für die Wahrnehmung beziehungsweise Bewertung von Armut sind. So stimmen Fachkräfte aus Beratungseinrichtungen beispielsweise den Armutsindikatoren „Sozialhilfebezug“ und „Überschuldung“ wesentlich deutlicher zu als Befragte, die in Tageseinrichtungen arbeiten.

6.4 Informationsgrad der AWO-Fachkräfte

Wie informiert sind die AWO-Fachkräfte über die Lebenssituation der von ihnen betreuten Kinder und Jugendlichen? Was wissen sie insbesondere über deren materielle Situation?

Grundsätzlich läßt sich festhalten, daß die Fachkräfte eher über einzelne Komplexe und weniger über die Lebenssituation eines Kindes oder Jugendlichen insgesamt informiert sind. Der Grad an Informiertheit hängt dabei vom persönlichen und professionellen Selbstverständnis der Fachkraft sowie teilweise vom Arbeitsauftrag und Konzept der jeweiligen Einrichtung ab. Im Durchschnitt am besten informiert sind die Fachkräfte über die Situation der Kinder und Jugendlichen innerhalb der Familien: Etwa 61 Prozent der Befragten geben an, gut bis sehr gut informiert zu sein. Mit deutlichem Abstand folgt die Informiertheit über die Situation der Kinder und Jugendlichen außerhalb der Familie (41 Prozent). Nur jede/r dritte Befragte (35 Prozent) kennt die finanzielle Situation der Familien. Sehr selten sind Kenntnisse zur Biographie der Eltern der betreuten Kinder und Jugendlichen (vgl. Abbildung 16).

Abb. 16: Grad der Informiertheit der MitarbeiterInnen über die Kinder und Jugendlichen und ihre Herkunftsfamilien – alle Einrichtungen

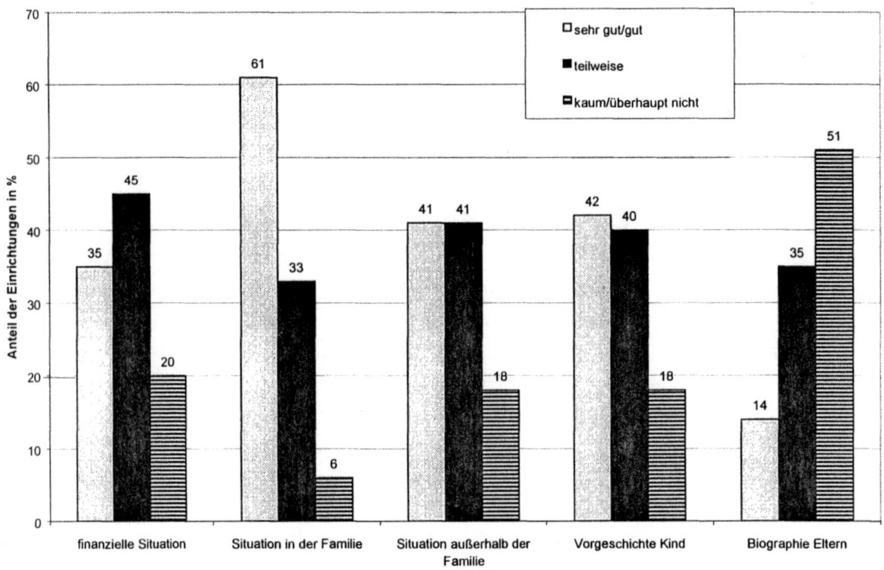

Quelle: Einrichtungserhebung AWO-ISS-Studie 1998, Berechnungen des ISS.

Dieses Bild differenziert sich beim Blick auf die Angaben von MitarbeiterInnen aus unterschiedlichen **Einrichtungstypen**: So sind zum Beispiel Fachkräfte in Beratungseinrichtungen doppelt so häufig wie Fachkräfte aus Tageseinrichtungen über die finanzielle Situation ihrer NutzerInnen gut informiert (50 versus 26 Prozent). Auch biographische Informationen zu den Eltern sind MitarbeiterInnen in Beratungsstellen häufiger präsent (31 versus fünf Prozent bei den MitarbeiterInnen von Tageseinrichtungen).

Je nach Qualifikation/Beruf finden sich aber auch innerhalb eines Arbeitsbereiches Unterschiede im Informationsgrad: So sind SozialpädagogInnen/-arbeiterInnen und Pädagoginnen, die in Kindertagesstätten arbeiten, deutlich häufiger gut über die materielle Situation der Familien informiert als die ErzieherInnen (32 versus 23 Prozent). Der größte Teil der Unterschiede im Informationsgrad zwischen den Berufsgruppen läßt sich aber nicht über deren Ausbildung, sondern über Unterschiede in der **beruflichen Position** der Befragten erklären: Da SozialpädagogInnen und -arbeiterInnen in Kindertagesstätten sehr häufig Leitungsfunktionen innehaben und Leitungskräfte einen anderen Zugang zu den Eltern und dem materiellen Hintergrund der Familie haben als Nicht-Leitungskräfte, wissen sie auch eher über die materielle Situation Bescheid.

Die zitierten Ergebnisse weisen darauf hin, daß mit Blick auf das Ausmaß der Informiertheit der Fachkräfte Handlungsbedarf besteht. Wenn soziale Benachteiligung und Armut verhindert beziehungsweise gemildert werden sollen, so ist es unerläßlich, die Informiertheit über das soziale Umfeld der Kinder großzuschreiben und die pädagogischen Fachkräfte entsprechend in diesem Bereich zu qualifizieren.

6.5 Umgang mit Armut in den Einrichtungen

Mit Armut, Armutsfolgen und Armutsgefährdungen kann vor Ort in den Einrichtungen in zweierlei Hinsicht umgegangen werden: Zum einen spielt der ganz persönliche Umgang seitens der Fachkräfte eine Rolle, zum anderen ist der institutionelle Umgang bedeutsam, also zum Beispiel, welche „Standardangebote" die Institution beziehungsweise Einrichtung vorsieht. Beide Ebenen des Umgangs mit Armut von Kindern und Jugendlichen wurden im Rahmen der Einrichtungsbefragung untersucht.

Persönlicher Umgang mit Armut durch die AWO-Fachkräfte

Auf die Frage *„Können Sie Ihrer Ansicht nach persönlich dazu beitragen, die Situation armer Kinder und Jugendlicher zu verbessern?"* antworten vier von fünf Fachkräften mit „Ja" (82 Prozent in Westdeutschland, 76 Prozent in Ostdeutschland). Dieses hohe Maß an Zustimmung findet sich über alle Einrichtungstypen und beruflichen Aufgabenfelder hinweg.

Diejenigen, die diese Frage verneinen, argumentieren hauptsächlich damit, daß Armut gesellschaftlich produziert sei und damit auch nur gesellschaftlich beziehungsweise politisch angegangen werden könne.

Ihren möglichen persönlichen Beitrag sehen die Fachkräfte in den verschiedensten Bereichen (vgl. Tabelle 14): Neben der emotionalen Zuwendung (Rang 1 mit 25 Prozent), der pädagogischen Arbeit im allgemeinen (Rang 2 mit 21 Prozent) und der Hilfe zur Selbsthilfe (Rang 3 mit 15 Prozent), also den eher kindbezogenen Aktivitäten, kommen der pädagogischen und finanziellen Beratung der Eltern (Rang 4 und 5 mit je elf Prozent), also der Elternarbeit, erhebliche Bedeutung zu.

Relativ geringe Bedeutung hat mit sieben Prozent die Vermittlungstätigkeit. Allenfalls die MitarbeiterInnen im Bereich der „Beratungsstellen/Familienhilfe" sehen in der Vermittlung an weitere Hilfeinstitutionen eine relevante Form des persönlichen Umgangs mit Armut. Dieses Ergebnis zeigt hinsichtlich der Gestaltung und Nutzung eines niedrigschwelligen, arbeitsteiligen und dennoch umfassenden Hilfesystems einen gewichtigen Handlungsbedarf an.[56] Die AWO-Einrichtungen sollten engere institutionalisierte Kooperationsnetzwerke mit einer Vielzahl anderer vorhandener Hilfeinstitutionen aufbauen. Um dies sinnvoll und effektiv tun zu können, besteht jedoch Qualifizierungsbedarf.

Tab. 14: Art des persönlichen Beitrags zur Verbesserung der Situation von armen Kindern und Jugendlichen*

Rang	Ich kann zur Verbesserung der Situation armer Kinder/ Jugendlicher beitragen durch...	Prozent der Befragten
1	Emotionale Zuwendung	25,3
2	Über pädagogische Arbeit allgemein	21,0
3	Hilfe zur Selbsthilfe	14,8
4	Pädagogische Beratung der Eltern	11,2
5	Institutionelle und finanzielle Beratung der Eltern	11,0
6	Individuelle Zuwendung für arme Kinder	7,7
7	Vermittlung an andere öffentliche Institutionen	7,2
8	Politisches Engagement	6,0
9	Freizeitangebote	5,8
10	Familienergänzende Lebenssituation	5,6
11	Bereitstellen von Erlebnismöglichkeiten	5,2

* Es sind in dieser Übersicht nur solche Kategorien aufgeführt, die von mehr als fünf Prozent der Einrichtungen genannt wurden.

Quelle: Einrichtungserhebung AWO-ISS-Studie 1998.

Interessant sind auch die festgestellten geschlechtsspezifischen Ausformungen persönlicher Unterstützungsbeiträge. Die Daten aus dem Einrichtungstyp „Jugendarbeit/Jugendsozialarbeit" zeigen beispielhaft, daß Frauen deutlich häufiger pädagogisch-emotionale Unterstützungsmaßnahmen (zum Beispiel Hilfe durch Freizeitangebote, pädagogische Beratung der Eltern) favorisieren und Männer stärker materiell orientierte Hilfen (zum Beispiel Beratung in bezug auf Ämter, Beratung zur Berufsfindung beziehungsweise Qualifikation) anbieten. Eine „Mischung" der Betreuungspersonen nach Geschlecht scheint also (auch) mit Blick auf eine umfassende Unterstützung armer Jugendlicher ratsam.

Ob ein persönlicher Beitrag zur Verbesserung der Situation armer Kinder und Jugendlicher gesehen wird, ist unabhängig davon, welche Vorstellung die MitarbeiterInnen über materielle Formen von Armut äußern. Dagegen zeigen sich hochsignifikante Unterschiede bei solchen MitarbeiterInnen, die die sozialen/emotionalen und kulturellen Aspekte der Armut betonen.

56 Vgl. hierzu auch die Ergebnisse zu Kooperation/Vernetzung der befragten Einrichtungen (vgl. Band 2, 35-38).

Wer diese hervorhebt, meint auch, einen stärkeren Beitrag zur Verbesserung der Situation armer Kinder leisten zu können.

Institutioneller Umgang mit Armut

Was zählt in den befragten AWO-Einrichtungen zum institutionellen Regelangebot im Umgang mit Armut von Kindern und Jugendlichen, was ist also unabhängig (oder sollte es zumindest sein) von der Sichtweise oder Handhabung der einzelnen Fachkraft? Die Antworten im Rahmen der Einrichtungsbefragung ergeben folgendes Bild.

Tab. 15: Umgang mit Armut in der Einrichtung – Ost-West-Vergleich

Unterstützung/Hilfe durch...	Gehört zum Regelangebot/immer (Prozent)			Gibt es nicht (Prozent)		
	Ostdeutschland	Westdeutschland	Gesamt	Ostdeutschland	Westdeutschland	Gesamt
Geringere Gebühren/Beiträge**	43,0	45,8	45,0	38,4	32,4	34,1
Finanzielle Beratung der Eltern*	45,8	38,6	40,8	16,6	17,5	17,2
Pädagogische Beratung der Eltern*	50,4	63,8	59,8	12,8	5,6	7,7
Gespräche/Beratung der Kinder und Jugendlichen***	37,5	40,3	39,5	23,2	24,6	24,2
Besondere Förderung der armen Kinder und Jugendlichen*	26,9	35,5	33,0	33,5	25,5	27,9
Stadtteil-/Gemeinwesenarbeit***	24,4	22,4	22,9	43,3	43,2	43,2
Sozialpolitische Aktivitäten**	19,8	15,2	16,5	39,0	39,7	39,5

* p < 0,01.
** p < 0,05.
*** nicht signifikant.
Quelle: Einrichtungserhebung AWO-ISS-Studie 1998.

Die zahlenmäßig bedeutsamste Maßnahme im institutionellen Umgang mit Armut ist danach die pädagogische Beratung der Eltern. Fast 60 Prozent der Einrichtungen und Angebote betrachten diese als zu ihrem Regelangebot gehörig (nur etwa acht Prozent bieten diese gar nicht an). An zweiter Stelle stehen die reduzierten Gebühren: Etwa 45 Prozent der Einrichtungen bieten diese standardmäßig an. Die finanzielle Beratung der Eltern steht mit fast 41 Prozent an dritter Stelle. Fast ebenso große Bedeutung haben jedoch Gespräche beziehungsweise die Beratung der Kinder und Jugendlichen selbst (39,5 Prozent der Fälle). Immerhin ein Drittel der Einrichtungen sieht die besondere Förderung armer Kinder und Jugendlicher als Regelleistung an. Hingegen finden Stadtteil- oder Gemeinwesenarbeit (22,9 Prozent) und sozialpolitische Aktivitäten (16,5 Prozent) deutlich seltener Eingang in die regelmäßigen Aktivitäten der Einrichtungen.

Interessant sind die Differenzen zwischen Ost- und Westdeutschland (vgl. Tabelle 15): Es finden sich signifikante Unterschiede hinsichtlich der finanziellen Beratung der Eltern, die in Ostdeutschland deutlich häufiger stattfindet (Ostdeutschland: 45,8 Prozent, Westdeutschland: 38,6 Prozent), bei der pädagogischen Beratung der Eltern, die in Westdeutschland deutlich häufiger zum Standardangebot zählt (Westdeutschland: 63,8 Prozent, Ostdeutschland: 50,4 Prozent) und bei der besonderen Förderung armer Kinder und Jugendlicher, die ebenfalls in Westdeutschland eher zur Regel gehört als in Ostdeutschland (Westdeutschland: 35,5 Prozent, Ostdeutschland: 26,9 Prozent). Die Ost-West-Differenzen verschwinden nicht, wenn nur ein Einrichtungstyp (zum Beispiel Tageseinrichtungen) herausgegriffen wird: Während das Schwergewicht des Regelangebotes in Westdeutschland eher in der pädagogischen Beratung der armen Kinder liegt, bieten die Tageseinrichtungen in Ostdeutschland fast gleichgewichtig auch finanzielle Beratung der Eltern an.

Insgesamt scheinen die familien- und personenbezogenen Einzelleistungen/-hilfen von den AWO-MitarbeiterInnen mit Abstand als erfolgversprechender und wichtiger bewertet zu werden als gemeinwesen- und öffentlichkeitsorientierte Aktivitäten. Das bedeutet aber auch, daß der Umgang mit zunehmender Armut von mehr und mehr Kindern und Jugendlichen – wie sie von den AWO-Fachkräften sehr deutlich in der Befragung formuliert wurde – über diese personen- und familienbezogenen institutionellen Aktivitäten nur begrenzt aufgefangen und bearbeitet werden kann. Es stellt sich die Frage, ob die institutionellen Aktivitäten noch ausreichen, um den wachsenden Anforderungen gerecht zu werden, vor allem dann, wenn mit der steigenden Nachfrage nicht zugleich eine bessere Sach- und Personalausstattung in den Einrichtungen gesichert wird. Mit anderen Worten: Sind die Kinder- und Jugendeinrichtungen der AWO in ihrem Arbeits- und Aufgabenprofil überhaupt auf die verstärkt wahrgenommenen Armutstatbestände eingerichtet? Stellt sich hier exemplarisch eine Situation dar, wie sie für die gesamte Kinder-, Jugend- und Familienhilfe in Deutschland zutreffend ist? Ist sie auf die Bedürfnisse und Bedarfe der großen Zahl armer Minderjähriger eingestellt?

6.6 Gegenwärtiges Verbandsengagement für arme Kinder und Jugendliche aus Mitarbeitersicht

Wurde zuvor gefragt, wie Fachkräfte individuell und die Einrichtungen institutionell mit dem Problem Armut umgehen, ist nun das verbandliche Engagement für die Zielgruppe von Interesse. Entsprechend wurden die AWO-Fachkräfte befragt, ob sich der Verband Arbeiterwohlfahrt beziehungsweise ihr Träger für arme Kinder und Jugendliche engagiert. Diese Frage beantworten etwa 82 Prozent aller Befragten mit „Ja“, etwa fünf Prozent mit „Nein“, und gut zwölf Prozent geben keine Antwort. Die Fachkräfte anerkennen also mehrheitlich das Engagement der AWO für die Gruppe der armen Kinder und Jugendlichen.[57]

Von den Befragten, die der Meinung sind, daß die AWO sich in bezug auf arme Kinder und Jugendliche engagiert, geben die meisten auch darüber Auskunft, welcher Art das Verbandsengagement ist.[58] Die Palette der von den Fachkräften wahrgenommenen Verbandsaktivitäten reicht von der konkreten Sozialarbeit mit den betroffenen Kindern/Jugendlichen bis zur politischen Einflußnahme beziehungsweise Anwaltschaft. Der Schwerpunkt des Engagements wird im institutionellen Bereich, im Vorhalten von Einrichtungen und Angeboten – sowohl speziell für arme Minderjährige als auch allgemein für Kinder und Jugendliche und deren Eltern – gesehen. In den Augen der MitarbeiterInnen engagiert sich die AWO also in erster Linie Form als Einrichtungsträger und erst in zweiter Linie als Interessenvertretung.

Tab. 16: Art des Engagements der AWO für arme Kinder und Jugendliche

Rang	Art des Engagements	Genannt von ... Prozent der Einrichtungen
1a	Hat spezifische Angebote für Arme (z. B. Stadtranderholung)*	55
1b	Hält Angebote vor (keine differenzierte Angabe)	20
	Hält spezielle Angebote vor (z. B. Kitas, Hort)*	16
2	Kostenlose/günstigere Angebote für Arme	14
	Sammelt und verteilt Spenden	13
	Gibt Zuschüsse für freiwillige Angebote	2
	Kosten werden allgemein gering gehalten	2
3	Öffentlichkeitsarbeit	6
	(Sozial-)politische Einflußnahme	8
	Anwaltschaftsfunktion	3
4	Pädagogische Arbeit	8
	Führt Beratung und Vermittlung durch	6
5	Gemeinwesenarbeit	2
	AWO-Ehrenamtliche engagieren sich	2

* Diese beiden Nennungen wurden noch differenziert für eine Stichprobe untersucht.

Quelle: Einrichtungserhebung AWO-ISS-Studie 1998.

57 Während es nach Ost-/Westdeutschland und nach Einrichtungstypen differenziert wenig Unterschiede im Antwortverhalten gibt, zeigen sich zwischen Stadt und Land sowie zwischen den AWO-Verbandsgliederungen deutliche Abweichungen. In Gemeinden mit weniger als 2.000 EinwohnerInnen macht fast ein Fünftel der Befragten (18,6 Prozent) keine Angabe, die Zahl der missings sinkt dann kontinuierlich und liegt schließlich bei den Einrichtungen aus Städten mit über 500.000 EinwohnerInnen bei etwa sieben Prozent. Die Nein-Antworten variieren deutlich weniger, sie liegen bei den größeren Kommunen etwas höher als bei Gemeinden bis maximal 5.000 EinwohnerInnen. Ebenfalls deutliche Unterschiede finden sich nach Gliederungen: Das Spektrum der Nein-Antworten reicht von knapp einem Prozent bis zu 22 Prozent (im Mittel: fünf Prozent). „An der Basis" werden also durchaus nicht überall die verbandlichen Aktivitäten für die Zielgruppe wahrgenommen (vgl. zu den Einzelergebnissen Band 2, 81/82).

58 In 2.155 Fragebogen sind Antworten zu der offenen Frage „Was tut die AWO für arme Kinder und Jugendliche?" vermerkt. Diese wurden codiert und zu Antwortkategorien zusammengefaßt (vgl. zu den Details Band 2, 80-86).

6.7 Vorschläge und Forderungen für das zukünftige Verbandsengagement

Auf die Frage, ob der Träger respektive der Verband mehr für die Zielgruppe arme Kinder und Jugendliche tun sollte, antwortet gut die Hälfte (52 Prozent) aller befragten Einrichtungen mit „Ja", etwa ein Fünftel (19 Prozent) mit „Nein", und fast ein Drittel (30 Prozent) macht keine Angabe. Wird das Antwortverhalten differenzierter betrachtet, so ergeben sich folgende interessante Unterschiede:

- Fast 60 Prozent der Befragten in Westdeutschland sehen die Notwendigkeit eines größeren Engagements für die Zielgruppe, aber nur knapp 40 Prozent in Ostdeutschland.

- Nur etwa 45 Prozent der Befragten aus dem Bereich „Tageseinrichtungen" meinen, mehr Engagement sei nötig, während dies etwa zwei Drittel der MitarbeiterInnen aus dem Bereich „Migrationsarbeit" fordern. Die anderen Einrichtungstypen liegen von den Werten her dazwischen. Die Unterschiede dürften nicht zuletzt daher rühren, daß ein Teil der Einrichtungen – vor allem diejenigen aus dem Bereich „Migrationsarbeit" – sich einerseits als Lobby für ihre in vielen Fällen armen NutzerInnen verstehen, zur gleichen Zeit aber mit Mittelkürzungen zu kämpfen haben, so daß die Einforderung von mehr Engagement naheliegt.

- Fast die Hälfte der Befragten aus kleinen Kommunen macht keine Angabe, was darauf hindeuten mag, daß sie ein solches Engagement für nicht so wichtig halten oder sich – im Vergleich zu ihren mehr mit Armut konfrontierten KollegInnen in den Städten – noch nicht so viele Gedanken dazu gemacht haben.

- Außer den bereits genannten Ost-West-Unterschieden im Antwortverhalten finden sich erhebliche Unterschiede zwischen den westdeutschen Landes- und Bezirksverbänden. Die fünf ostdeutschen Gliederungen bilden geschlossen das untere Ende der Rangliste, hier fordern lediglich zwischen 26 und 41 Prozent der Befragten ein höheres Engagement der AWO. Der Anteil der „Ja"-Antworten in den westdeutschen Gliederungen liegt zwischen 44 und 73 Prozent.

Welcher Art soll das zusätzliche verbandliche Engagement sein? Die Antworten der Fachkräfte zeigen (vgl. Tabelle 17), daß angebotsbezogene Forderungen wie die Ausweitung der institutionellen Aktivitäten („Angebote ausweiten/intensivieren": 36 Prozent), die Vorhaltung bestimmter allgemeiner Angebotstypen (acht Prozent) oder die Vorhaltung spezieller Angebote für Arme/Benachteiligte („Gezielte Angebote für Randgruppen": 25 Prozent) dominieren. Am häufigsten wird insgesamt der Freizeitbereich angesprochen, der offensichtlich in den Augen der AWO-MitarbeiterInnen sehr große Bedeutung für die Unterstützung armer Kinder und Jugendlicher hat. Diese und andere offene, am besten stadtteilorientierte Angebote stehen auf der einen Seite der Forderungen, auf der anderen Seite wird mehr institutionelle Ganztagsbetreuung gefordert, die auch die Grundversorgung mit Essen sicherstellt.

Tab. 17: Wo und wie sich die AWO zusätzlich für arme Kinder und Jugendliche engagieren sollte – die Anregungen der befragten AWO-Fachkräfte

Art des Engagements	Genannt von ... Prozent der Einrichtungen
Angebote ausweiten/intensivieren*	35,9
Gezielte Angebote für Randgruppen*	25,2
(Sozial-)politische Einflußnahme	21,6
Öffentlichkeitsarbeit	14,2
Mehr finanzielle Unterstützung	9,9
Vorhalten bestimmter Angebotstypen*	7,8
Kostenlose/günstigere Angebote für Arme	7,5
Anwaltschaftsfunktion für Arme	5,8
Förderung Ehrenamt für Kinder	2,6
Mehr Fortbildung/Supervision für das Personal	2,6
Kann ich nicht beurteilen/keine Ahnung	2,1
Armutsberichterstattung	1,2
Sonstiges	12,5

* Diese Nennungen wurden noch differenziert für eine Stichprobe untersucht.

Quelle: AWO-Einrichtungserhebung 1998, Berechnungen des ISS.

Den zweiten großen Bereich bilden die Forderungen nach mehr (sozial-)politischem Engagement (22 Prozent), mehr Öffentlichkeitsarbeit (14 Prozent), Wahrnehmung der Anwaltschaftsfunktion (sechs Prozent) und Armutsberichterstattung (ein Prozent). Die Forderung nach mehr politischem Engagement richtet sich an alle Ebenen des Verbandes: Die Einflußnahme wird sowohl im Bereich der Kommunalpolitik als auch in der Bundespolitik eingefordert. Die MitarbeiterInnen belassen es nicht dabei, Forderungen an ihren Träger und die höheren Gliederungsebenen weiterzugeben. Sie äußern ganz konkrete Vorstellungen, wie institutionell und politisch besser agiert werden könnte, also verbandspolitisch vorgegangen werden sollte. So wird in einigen Fällen eingefordert, andere (nichtstaatliche) Geldquellen zu erschließen beziehungsweise verstärkt zu erschließen, um vor allem freiwillige Angebote finanzieren zu können. Eine weitere häufiger geforderte Reformmaßnahme ist der Ausbau der Netzwerke mit anderen Trägern und sonstigen Institutionen.

Den dritten größeren Bereich bilden Forderungen, die sich auf die Finanzierungsaspekte beziehen („Mehr finanzielle Unterstützung“: zehn Prozent). Darunter fallen institutionenorientierte Forderungen zur Absicherung der eigenen Einrichtung beziehungsweise des eigenen Arbeitsplatzes, Forderungen, die sich auf eine bessere Finanzausstattung der AWO-Einrichtungen allgemein beziehen, und schließlich direkt klientenbezogene Forderungen (zum Beispiel Härtefallfonds, individuelle Hilfen und Gebührenstaffelungen).

Für die Entwicklung der Verbandsarbeit und die Verbesserung der Aktivitäten in bezug auf die Zielgruppe läßt sich zusammenfassend folgendes festhalten:

- Die Fachkräfte nehmen Kinderarmut multidimensional wahr. Die materielle Seite von Armut wird jedoch tendenziell zu wenig berücksichtigt.

- Auch in den Kindertagesstätten wird vielerorts Armut als zunehmendes Problem begriffen. Gleichwohl zeigen sich im Umgang damit deutliche Probleme (zum Beispiel was die Vernetzung mit anderen Einrichtungen und Angeboten anbelangt).

- Eine gezielte Ausweitung der Angebote – sowohl der allgemeinen als auch der zielgruppenspezifischen – ist aus Sicht der AWO-MitarbeiterInnen vielerorts notwendig. Hierbei sollten Stadtteil- und Gemeinwesenorientierung sowie Vernetzung wichtige Kriterien sein.

- Finanzierungsprobleme der Einrichtungen werden durchaus gesehen, eine rein „unternehmerische" Orientierung wird jedoch kritisiert. Statt dessen werden neue Finanzierungsquellen – wie zum Beispiel Sponsoring – und mehr Ehrenamtlichkeit thematisiert.

- Sozialpolitische Einflußnahme und Öffentlichkeitsarbeit von seiten der verschiedenen Gliederungsebenen werden als nicht ausreichend betrachtet, es wird für einen Ausbau plädiert.[59]

Die vielfältigen Antworten beziehungsweise Vorschläge der Fachkräfte „vor Ort" machen deutlich, daß sich sehr viele AWO-MitarbeiterInnen Gedanken darüber machen, wie insbesondere armen und benachteiligten Kindern und Jugendlichen nicht nur über individuelles, sondern auch über verbandliches Engagement zu helfen ist. Sie entwickeln dabei eigene, der örtlichen Situation angemessene und differenzierte Vorschläge. Diese „Ressource" sollten Verantwortliche aus den Kreis-, Bezirks- und Landesverbänden nicht ungenutzt lassen.

59 Gefordert wird dies eher in West- als in Ostdeutschland, eher in größeren als in kleineren Kommunen, vor allem von MitarbeiterInnen aus dem Bereich „Migrationsarbeit" und schließlich eher von Männern als von Frauen.

Literatur

Frick, Joachim R.; Wagner, Gert G. (1999): Short term living conditions and long term prospects of immigrant children in Germany. Paper prepared for the LIS-Conference: Child Well-being in rich and transition countries: Are children in growing danger of social exclusion. September 30 – October 2, Luxembourg.

Hock, Beate; Holz, Gerda; Wüstendörfer, Werner (1999): Armut – Eine Herausforderung für die verbandliche Kinder- und Jugendhilfe (= Band 2), Frankfurt am Main.

7 Resümee und Forschungsausblick

7.1 Wichtige Forschungsergebnisse

Ausgangspunkt für das Forschungsprojekt war, daß Armut bei Kindern und Jugendlichen in Deutschland – wie auch in der Europäischen Union insgesamt – heute kein marginales Phänomen mehr ist, vielmehr die unter 18jährigen im Vergleich zu anderen Altersgruppen die höchste Armutsbetroffenheit aufweisen. Im Jahr 1998 lebte etwa jedes siebte Kind beziehungsweise jeder siebte Jugendliche in einer Familie, die als arm zu bezeichnen ist. Folglich bewegt sich Armut nicht mehr nur an den Rändern, sondern ist in der Mitte – das heißt im Alltag und in der Normalität – unserer Gesellschaft angekommen. Armut hat in Deutschland die „normale" Kindheit erreicht.

Die bisherige Armutsforschung hat den Aspekt der Armut von Kindern und Jugendlichen trotz des großen Ausmaßes bislang nur am Rande gestreift und sie eher als Teil der Armut von Familien begriffen. Daß der Armut bei Kindern und Jugendlichen dagegen ein eigenes Gewicht zukommt, ist dabei ebenso unberücksichtigt geblieben wie die Frage, wie die familiäre Armut auf Kinder und Jugendliche wirkt und welche Chancen der Bewältigung es für diese Altersgruppen gibt.

Das im Rahmen des Forschungsprojektes entwickelte Armutskonzept ist kindorientiert und mehrdimensional: Es wird nicht nur – wie in anderen Studien üblich – die materielle Lage der Familie des Kindes betrachtet, sondern auch und vor allem die Lebenssituation und Lebenslage des Kindes selbst in den Blick genommen. Neben der materiellen Situation der Familie des Kindes wurden die materielle Versorgung des Kindes selbst und seine Situation im kulturellen, sozialen und gesundheitlichen Bereich untersucht. Damit liegt ein empirisch erprobtes Konzept zur Beschreibung von Armut und Armutsfolgen bei Kindern vor.

Auf der Grundlage dieses Armutskonzepts wurden in der Teilstudie zu Armut im Vorschulalter drei Lebenslagetypen *„Wohlergehen"*, *„Benachteiligung"* und *„Multiple Deprivation"* nach dem Ausmaß der Einschränkungen in den genannten Lebenslagedimensionen gebildet. Diese kindbezogenen Lebenslagedimensionen sowie die Lebenslagetypen ermöglichen es, die Entwicklungsbedingungen sowie die Entwicklungsmöglichkeiten des Kindes im Vorschulalter einzuschätzen. Die Leitfragen lauteten: Was kommt (unter Armutsbedingungen) beim Kind an, und wie wirkt sich dies auf die genannten Lebensbereiche aus?

Die empirische Teilstudie „Armut im Vorschulalter" ergab, daß die familiäre Armut bereits früh bei einem großen Teil der Kinder negative Folgen für die kindliche Lebenssituation hat. Mehr als jedes dritte arme Kind gehört zur Gruppe der multipel Deprivierten, ist also in seiner Entwicklung erheblich eingeschränkt. Die familiäre Armut führt jedoch nicht zwangsläufig zu eingeschränkten Entwicklungsmöglichkeiten des Kindes. So lebte jedes vierte arme Kind im Wohlergehen, wies also in den Lebenslagedimensionen keine Einschränkungen auf.

Zwar konnte festgestellt werden, daß das Deprivationsrisiko armer Kinder deutlich höher ist als bei nicht-armen Kindern. Es wurde jedoch auch beobachtet, daß jedes siebte nicht-arme Kind ebenfalls der Gruppe multipel Deprivierter zuzurechnen ist. Nicht nur von familiärer Armut betroffene Kinder sind „arm dran", sondern auch Kinder, die mit ihrer Familie oberhalb der Armutsgrenze leben. Das heißt, daß Einschränkungen der kindlichen Entwicklung beziehungsweise der Lebenssituation nicht ausschließlich auf die familiäre Armut zurückzuführen sind, sondern durch weitere Faktoren beeinflußt werden.

Eine Analyse der Einflußfaktoren auf die Lebenssituation der Vorschulkinder zeigt, daß neben der familiären Armut die Zuwendung zum Kind innerhalb der Familie beziehungsweise das Ausmaß gemeinsamer familiärer Aktivitäten eine wichtige Rolle für die kindliche Entwicklung und Lebenssituation spielt. Daneben beeinflussen weitere Faktoren, wie gesellschaftliche und sozialräumliche Rahmenbedingungen sowie sozialstrukturelle Merkmale der Familie, die Lebenssituation und Entwicklungsmöglichkeiten der Kinder.

Während einerseits untersucht wurde, welche Folgen Armut auf die Lebenssituation und Lebenschancen der Kinder hat, wurde andererseits der Frage nachgegangen, welche Faktoren das Wohlergehen von armen Kindern begünstigen. Anhand des Datenmaterials erweisen sich als förderlich: a) *(bei Kindern nicht-deutscher Eltern:)* Deutschkenntnisse mindestens eines Elternteils, b) das Freisein von Überschuldung, c) ausreichender Wohnraum sowie d) regelmäßige gemeinsame familiäre Aktivitäten. Neben den materiellen Ressourcen stellen also die sozialen und kulturellen Ressourcen der Eltern und ihre Bemühungen, dem Kind trotz schwieriger finanzieller Verhältnisse günstige Entwicklungsbedingungen zu bieten, eine wichtige Voraussetzung für das Wohlergehen des Kindes dar.

Während mit Blick auf Armut und ihre Folgen im (frühen) Kindesalter die Entwicklungsrisiken im Vordergrund stehen, tritt mit zunehmendem Alter der Kinder und Jugendlichen der Mangel an Ressourcen in den Vordergrund.

Die Zukunftschancen von armen und nicht-armen Jugendlichen werden im wesentlichen durch den Übergang ins Berufsleben bestimmt. Für arme Jugendliche ist die Wahrscheinlichkeit, an dieser Schwelle zu scheitern, aufgrund vielfältiger Benachteiligungen und Belastungen deutlich größer als die von Jugendlichen aus ökonomisch bessergestellten Familien. Mit einem Scheitern beim Übergang ins Berufsleben wächst das Risiko einer Verfestigung von Armut beziehungsweise die Armutsgefährdung. Hier weisen insbesondere junge ausländische Frauen und Männer sowie allgemein Jugendliche ohne Hauptschulabschluß einen hohen Gefährdungsgrad auf. Der Übergang ins Berufsleben kann für Jugendliche aus armen Familien jedoch auch eine Chance zur Überwindung von Armut bedeuten. Aus biographischen Interviews mit jungen Erwachsenen aus armen Familien, die den Übergang ins Berufsleben erfolgreich bewältigt haben, wurden erste Erkenntnisse zu den Voraussetzungen für eine erfolgreiche Bewältigung von Armut gewonnen.

Trotz aller Verschiedenheit der Lebensgeschichten und Bewältigungsformen verband alle interviewten Jugendlichen der Wille, ihr Leben selber zu gestalten, und der Wunsch nach materieller Selbständigkeit respektive Sicherheit sowie „Normalität" und gesellschaftlicher

Anerkennung. Die Heranwachsenden lernten, den Alltag für sich und ihre Familie zu organisieren, sie lernten sehr früh, Verantwortung für sich zu übernehmen, sie lernten, sich durchzusetzen und durchzuhalten. Den Interviewanalysen ist auch zu entnehmen, daß Ausgrenzung eine zentrale Erfahrung im Leben armer Kinder und Jugendlicher ist. Durch Anerkennung und Bestätigung innerhalb und außerhalb der Familie gelang es ihnen, diese Ausgrenzungserfahrung zu verarbeiten. Ferner wurde deutlich, daß die Schule ein zentraler Lebens- und Erfahrungsraum für Kinder und Jugendliche ist. Sie kann unter günstigen strukturellen, konzeptionellen und personellen Voraussetzungen ein Ort der Bestätigung und auch ein Schonraum für solche Kinder und Jugendlichen sein, die in ihren Familien großen Belastungen ausgesetzt sind.

Der Stellenwert, den die Angebote der Sozialhilfe sowie der Kinder- und Jugendhilfe für die Bewältigung und Überwindung von familiärer Armut bei Kindern und Jugendlichen sowie für die Familie insgesamt haben, konnte in der AWO-ISS-Studie erst ansatzweise analysiert werden. Es war jedoch festzustellen, daß nur ein Teil der armen und benachteiligten Kinder und Jugendlichen sowie deren Familien professionelle Unterstützung über die Betreuung in den „normalen Institutionen“ (Kindertagesstätten und Schulen) hinaus erhalten.

Eine Voraussetzung für die Vermeidung von Armut und Armutsfolgen bei Kindern und Jugendlichen ist die umfassende Wahrnehmung der kindlichen und familiären Lebensverhältnisse. Die Befragung der Fachkräfte aus Einrichtungen der AWO im Bereich der Kinder- und Jugendarbeit ergab, daß diese insbesondere über die materielle Situation der von ihnen betreuten Kinder und Jugendlichen oft nur unzureichend Bescheid wissen. So besteht die Gefahr, daß materielle Probleme beziehungsweise familiäre Armut als eine wichtige Erklärung kindlicher Belastungen, Auffälligkeiten und Probleme „vergessen“ werden.

Kindheit in unserer Gesellschaft wird als Schutz- und Schonraum verstanden, in dem den Minderjährigen der Raum zur Entwicklung und zum Erwachsenwerden geschaffen wird. Die Ergebnisse der AWO-ISS-Studie zeigen jedoch, daß der Schonraum „Kindheit” für immer mehr Kinder nicht existiert. Zu ihren Lebens- und Entwicklungsbedingungen gehören immer häufiger – kontinuierlich oder phasenweise – Armut und Armutsbewältigung. Wenn Kinder und Jugendliche die Zukunftsressourcen unserer Gesellschaft darstellen, bedarf es dringend gesellschaftspolitischer Maßnahmen, die dem entgegensteuern.

7.2 Weiterer Forschungsbedarf

In der AWO-ISS-Studie wurde unter anderem deutlich, daß Armut auch schon im (frühen) Kindesalter vielfältige Folgen hat. Armut im Vorschulalter stellt ein Entwicklungsrisiko dar, dessen langfristige Auswirkungen weiter untersucht werden müssen. Erforderlich sind **Längsschnittstudien**, die vor allem die Entwicklung armer Kinder mit deutlichen Benachteiligungen und Einschränkungen bis zum Schulabschluß beziehungsweise bis zum Übergang ins Berufsleben untersuchen. Bei einer solchen Längsschnittuntersuchung könnte auch das im Rahmen der AWO-ISS-Studie entwickelte mehrdimensionale kindorientierte Armutskonzept überprüft und gegebenenfalls weiterentwickelt werden. Folgende Fragestellungen der AWO-ISS-Studie könnten hierbei mit Blick auf die längerfristige Entwicklung der Kinder weiter vertieft werden: Welche familiäre und professionelle Unterstützung benötigen besonders benachteiligte Kinder, um bei ihnen dauerhaft eine positive (gesundheitliche, kognitive und sozio-emotionale) Entwicklung zu befördern? Welche Selbsthilfepotentiale beziehungsweise Ressourcen der Eltern sind für eine positive Entwicklung des Kindes erforderlich?

Des weiteren sollten die Ergebnisse der qualitativen (Vor-)Studie über die erfolgreiche Bewältigung familiärer Armut bei Heranwachsenden für weitere Forschungsvorhaben genutzt werden. In diesem Zusammenhang wäre ebenfalls von Interesse, die **Angebote** der Kinder- und Jugendhilfe für arme und benachteiligte Kinder und Jugendliche systematisch hinsichtlich der langfristigen Effekte ihrer Maßnahmen, der erreichten Zielgruppe und der „Kundenzufriedenheit" zu **evaluieren**.

Nicht zuletzt scheint es vor dem Hintergrund der Ergebnisse der Einrichtungsbefragung notwendig, **Modellprojekte** durchzuführen, die dazu beitragen, die kommunale/regionale Infrastruktur weiterzuentwickeln, um zu einem **abgestimmten und vernetzten Hilfesystem** für arme respektive armutsgefährdete Kinder/Jugendliche und ihre Familien zu kommen. Hierfür ist es notwendig, eine Kommune beziehungsweise Region insgesamt zum Untersuchungsfeld zu machen, um neue und tatsächlich funktionierende Strukturen zu entwickeln.

Daneben ist es genauso wichtig, solche Hilfesysteme zu betrachten, in denen Vernetzung und Kooperation gerade nicht funktionieren (zum Beispiel Kooperation Schule/Jugendhilfe, Kindertagesstätte/ASD). Durch eine detaillierte **Analyse der Hintergründe des Scheiterns** „wohlgemeinter" Anstrengungen können die Voraussetzungen gelingender **Vernetzung** und Kooperation systematisch herausgearbeitet werden.

Die AWO-ISS-Studie zu den Auswirkungen familiärer Armut auf Kinder und Jugendliche gibt jedoch schon heute wichtige Antworten, die allgemein verstärkte „Investitionen" in die Zukunftsressourcen unserer Gesellschaft – die Kinder und Jugendlichen – nahelegen und dabei bestimmte gesellschafts- und sozialpolitische Strategien implizieren. Diese sind Gegenstand des folgenden Kapitels 8.

8 Für eine „bessere“ Kindheit! – Schlußfolgerungen und Herausforderungen

Aus den Ergebnissen des Forschungsprojektes ergibt sich eine Vielzahl von fachlichen, verbandlichen und allgemeinpolitischen Handlungsanforderungen für das neue Jahrzehnt. In Ergänzung zu dem zuvor formulierten wissenschaftlichen Resümee und Forschungsausblick konzentrieren sich die Ausführungen des ersten Teils des Schlußkapitels auf Anforderungen an die Weiterentwicklung der fachlichen und verbandspolitischen Arbeit seitens der Arbeiterwohlfahrt (vgl. Kapitel 8.1). Die ausgeführten Komplexe sind das Ergebnis einer kontinuierlichen Sammlung von Diskussionsergebnissen sowohl mit AWO-Fachkräften in den an der Studie beteiligten Einrichtungen vor Ort als auch besonders mit den Mitgliedern der AWO-ISS-Koordinationsgruppe (vgl. Anhang 2). Aus Sicht des ISS-Projektteams und der Projektberater (vgl. Anhang 2) werden schließlich im zweiten Teil allgemeine politische und gesellschaftliche Handlungsbedarfe respektive Handlungsansätze auf unterschiedlichen Ebenen skizziert (vgl. Kapitel 8.2).

8.1 Armut von Kindern und Jugendlichen: Eine Herausforderung für die AWO

Neben den Eltern kommt der Gesellschaft besondere Verantwortung für die Entwicklung und Erziehung von Kindern und Jugendlichen zu. Im KJHG heißt es: *„Jeder junge Mensch hat ein Recht auf Förderung seiner Entwicklung und auf Erziehung zu einer eigenverantwortlichen und gemeinschaftsfähigen Persönlichkeit"* (§ 1 KJHG). Staat und Gesellschaft haben also dazu beizutragen, positive Lebensbedingungen und Chancengleichheit für junge Menschen und ihre Eltern sowie eine kinder- und familienfreundliche Umwelt zu schaffen. Diese existentielle Selbstverpflichtung eines Gemeinwesens bedarf zur Realisierung eines institutionalisierten Leistungs- und Hilfesystems einer Vielzahl von Organisationen, Trägern, Einrichtungen und professionell Handelnden. Zuständig und somit besonders gefordert sind die Träger der Kinder-, Jugend- und Familienhilfe, allen voran die freigemeinnützigen Wohlfahrtsverbände.

Gemäß dem Leitbild und Werteprofil der AWO will der Verband mit seinem Wirken und seinen Angeboten dazu beitragen, *„... daß Solidarität, Toleranz, Freiheit, Gleichheit und Gerechtigkeit in der Gesellschaft realisiert werden. Um dies zu erreichen, beteiligt sich die AWO in allen gesellschaftlichen Bereichen und auf allen Ebenen an Entscheidungsprozessen. Als Spitzenverband der Freien Wohlfahrtspflege wirkt sie insbesondere bei der Gestaltung der Sozialpolitik und bei der Lösung sozialer Probleme mit und nimmt Einfluß auf die Sozialgesetzgebung. Dabei wird der Vorrang der staatlichen und kommunalen Verantwortung für die Erfüllung des Anspruches auf soziale Hilfen, auf Erziehung und Bildung sowie bei der Planung und Entwicklung eines zeitgerechten Systems sozialer Dienste und Einrichtungen betont. Die AWO fördert weiterhin staatsbürgerliche Verantwortung und mitbürgerliche Gesinnung. Sie unterstützt und fördert den Selbsthilfegedanken und die Selbsthilfebewegungen.*

Sie versteht sich ebenfalls als sozialpolitische Interessenvertretung aller Menschen, insbesondere derjenigen, die sich allein kein Gehör verschaffen können." (Leitorientierungen aus dem Grundsatzprogramm der Arbeiterwohlfahrt 1999)

Vor dem Hintergrund dieser Funktionen und dem spezifischen Verbandsverständnis ist mit Blick auf die Gruppen armer Kinder und Jugendlicher zu fragen: Welche Aufgaben und Herausforderungen stellen sich der AWO heute und in naher Zukunft? Wie kann und muß sich der Verband, aber auch das Hilfesystem vor dem Hintergrund der Erkenntnisse der AWO-ISS-Studie neu ausrichten?

Grundlage für die folgenden Ausführungen bilden die Expertenbefragung, die Einrichtungserhebung sowie die vielfältigen Diskussionen in den verschiedenen Projektgremien während der dreijährigen Forschungsarbeit. Aus Sicht der AWO-Praxis kristallisieren sich vier Handlungsfelder heraus: (1) Prävention, (2) Vernetzung und Kooperation, (3) Qualifizierung des Verbandes und der MitarbeiterInnen sowie (4) Anwaltschaftliches Engagement.

(1) Armutsprävention statt Schadensreparatur

Prävention als Leitorientierung

Vermeidung von Armut ist eine zentrale gesellschaftspolitische Aufgabe. Daneben müssen Maßnahmen entwickelt werden, die die Folgen von familiärer Armut bei Kindern und Jugendlichen verhindern und begrenzen.

Konzepte zur Armutsprävention in allen Arbeitsfeldern der AWO

Es sind spezifische Konzepte zur Verhinderung und Abmilderung von Armutsfolgen bei Kindern und Jugendlichen in allen Arbeitsfeldern der AWO zu erarbeiten. Dies betrifft die Bereiche „Kindertageseinrichtungen" und „Jugendarbeit/Jugendsozialarbeit" ebenso wie „Beratung" oder „Migrationsarbeit". Es umfaßt Gesundheitsfragen genauso wie Bildungs- oder Integrationsmaßnahmen.

Überprüfung, Qualifizierung und Ausbau der Elternberatung und -bildung

Es sind die Angebote der Eltern- und Familienbildung sowie der Eltern- und Familienberatung innerhalb des Verbandes zu überprüfen, weiterzuentwickeln und zu verstärken. Im Blickpunkt sollten vor allem solche Personen/Eltern stehen, die durch die üblichen Angebote nicht erreicht werden. Elternberatung und Elternbildung müssen dahingehend qualifiziert werden, daß sie in der Praxis vor Ort lebenslage- und sozialräumlich orientiert ansetzen. Sie sind ausdrücklich darauf auszurichten, gerade armen und benachteiligten Familien adäquate Alltagshilfen anzubieten und ihnen gezielte Unterstützung zur Selbsthilfe zu geben.

Es sind ausreichende Finanzmittel und qualifiziertes Personal bereitzustellen. Dabei sind kommunale Verantwortlichkeiten verstärkt einzufordern. Ferner sollten die vorhandenen Potentiale bürgerschaftlichen (ehrenamtlichen?) Engagements inner- und außerhalb des Verbandes eingebunden werden. Zentral sollte die Frage der Nachhaltigkeit von Maßnahmen sein.

Ressourcenausstattung verbessern

(2) Vernetzung und Kooperation statt Abgrenzung

Das bundesdeutsche Hilfesystem ist gekennzeichnet durch eine Vielzahl von Angeboten innerhalb einer stark segmentierten und versäulten Struktur. Es gilt bis heute eher Ressortdenken und weniger eine arbeitsteilige Gesamtverantwortung für die jeweiligen Angebote im Einzelfall oder im Stadtteil. Das trifft auch für die AWO zu.

Umsetzung eines bedarfsgerechten Hilfesystems

AWO-bezogen ist auf horizontaler Ebene in der Kommune/Region sowohl eine intensivere und verbesserte Vernetzung der AWO-Einrichtungen untereinander (zum Beispiel Migrationssozialdienste mit den Kindertageseinrichtungen, die Schul- mit der Jugendsozialarbeit usw.) als auch eine enge Vernetzung von AWO-Einrichtungen mit anderen Angeboten und Trägern (zum Beispiel anderen Wohlfahrtsverbänden, mit Vereinen usw.) erforderlich. Die Studie zeigt, daß aufgrund bislang eher traditioneller Arbeitsbeziehungen hier größerer Handlungsbedarf besteht.

Vernetzung und Kooperation vor Ort ausbauen

Daneben ist auf vertikaler Ebene innerhalb einer jeden Verbandsgliederung und innerhalb des Gesamtverbandes ein enger, schneller und umfassender Kommunikationsfluß von „oben nach unten“ und umgekehrt zu gestalten. Dabei gilt: Die Fachkräfte vor Ort sind die ExpertInnen ihrer Arbeit, die Seismographen für neue Problemlagen und die GestalterInnen der konkreten Hilfen. Alle Personengruppen müssen sich des Problems „Kinderarmut“ ausdrücklich und gemeinsam annehmen sowie in enger Kooperation bearbeiten. (Kinder-)Armut muß ein Thema in **allen** AWO-Einrichtungen und AWO-Gliederungen sein beziehungsweise werden.

Vernetzung und Austausch innerhalb des Verbandes stärken

Voraussetzungen für Vernetzung schaffen

Angesichts der unternehmerischen Ausrichtung und Profilierung der Sozialen Dienste, angesichts detaillierter Vertragsregelungen zur Abrechnung von Einzelleistungen usw. scheint für Vernetzungstätigkeiten kein Freiraum gegeben zu sein. Es fehlen rechtliche Finanzierungsgrundlagen und damit Kostenstellen zur Leistungsabrechnung. Hier sind insbesondere die freien Träger selbst gefordert, adäquate Finanzierungsbedingungen gegenüber den öffentlichen Trägern durchzusetzen. Vernetzung braucht Zeit- und Personalressourcen. Vernetzungsaufwendungen (zum Beispiel Gremienarbeit, Hilfeplanung, Veranstaltungskooperationen, Berichterstattung usw.) müssen Bestandteil von Arbeitszeit- und Finanzbudgets sein. Darüber hinaus muß die Vernetzungskompetenz der MitarbeiterInnen durch Qualifizierung hergestellt beziehungsweise verbessert werden (siehe unten).

(3) Weiterentwicklung der AWO und ihrer MitarbeiterInnen

Qualifizierung als große Herausforderung des Verbandes

Dieser Komplex nahm während des dreijährigen Forschungsprozesses immer wieder eine herausragende Rolle in den Diskussionen innerhalb der AWO und des Projektes selbst ein. Dabei formulierten die Fachkräfte wiederholt, daß die allgemeine Armutsproblematik in der eigenen Praxis durchaus wahrgenommen, aber innerverbandlich wenig konsequent thematisiert wird. Es zeigte sich, daß die Fachkräfte vor Ort unterschiedlich sensibilisiert sind und persönlich höchst unterschiedlich mit der Situation umgehen. Viele sind aufgeschlossen, fühlen sich herausgefordert und motiviert, identifizieren sich und den Verband mit dem Thema. Dennoch ist die spezifische Problematik von armutsgefährdeten und armen Kindern und Jugendlichen gesamtverbandlich bislang ein relativ unbeackertes Feld. Qualifizierungsbedarf besteht auf der Ebene der MitarbeiterInnen vor Ort. Dies betrifft sowohl Fragen zum direkten Umgang mit armen NutzerInnen als auch zur Gestaltung adäquater(er) Angebote für die Zielgruppe. Nicht zuletzt bedarf es weiterer Qualifizierung, was die effektive öffentliche und politische Sensibilisierung für die Probleme armer Kinder und ihrer Familien anbelangt. Einige konkrete Hinweise hierzu finden sich in den folgenden Abschnitten, weitere müssen in und mit den Gliederungen paßgenau erarbeitet werden.

Das Verbandsprofil stärken

Die Studie hat gezeigt, daß der größte Einrichtungsbereich für Kinder, die Tageseinrichtungen, aufgrund der starken Expansion in den neunziger Jahren als „junges" und zugleich großes Arbeitsfeld zu betrachten ist. Diese Situation erfordert eine weiterführende Diskussion über dessen fachliche Orientierung. Es ist eine systematische Weiterentwicklung von bedarfsgerechten Angeboten und effektiven Trägerstrukturen voranzutreiben. Wichtig erscheinen die Beschäftigung mit Fragen zur Personalführung und -entwicklung sowie die Diskussion über ein einheitliches Fachprofil. Der Ausbau des Verbandes zugunsten von Einrichtungen der Kinder- und Jugendhilfe muß inner- und außerverbandlich bewußter wahrgenommen werden und sich in einem höheren Stellenwert dieses Bereiches niederschlagen.

Sinnvoll erscheint die Formulierung von neuen AWO-Leitorientierungen/ -gedanken für alle Tätigkeitsbereiche der Kinder- und Jugendhilfe. Darin ist ausgehend von den Erkenntnissen der AWO-ISS-Studie der Problemlage „Kinderarmut" unter praktischen wie politischen Aspekten breiter Raum zu geben. Gefordert sind alle AWO-Gliederungen gemeinsam – vom Ortsverein über die Kreis-, Bezirks- und Landesebene bis zum Bundesverband.

Armut öffentlich thematisieren

Es müssen AWO-spezifische Konzepte für einen sozialpädagogischen **und** sozialpolitischen Umgang mit dem Problem „Kinderarmut" entwickelt und umgesetzt werden. Dabei ist es wichtig herauszustellen, daß Armut von Kindern und Jugendlichen nicht selbstverschuldet, sondern ein gesellschaftliches Problem ist. Das bedeutet: Das Wissen über Armutsprobleme von Bevölkerungsgruppen muß öffentlich werden und in den politischen Diskussions- und Entscheidungsprozeß vor Ort, auf Landes-, Bundes- und Europaebene eingespeist werden. Dazu bedarf es aktueller Daten, differenzierter Arbeitsmaterialien und gezielter Information der politisch Verantwortlichen durch die Träger der Sozialen Dienste.

Pädagogische Konzepte entwickeln

Die Entwicklung von multidimensionalen und interdisziplinären Hilfekonzepten, insbesondere für Kindertageseinrichtungen und Schulen, ist kurz- bis mittelfristig zu realisieren. Hier ist dem Fakt Rechnung zu tragen, daß „Armut" eine mehrdimensionale Lebenslage ist, in der stets materielle und immaterielle Faktoren zusammenfließen, die die Entwicklungschancen und damit die Lebensperspektiven der jungen Menschen nachhaltig beeinflussen.

Qualifizierungs-offensive

Fortbildungs-module

Motivation und Bereitschaft zum Engagement für arme Kinder und Jugendliche müssen einfließen in ein professionelles Arbeitsverständnis der Fachkräfte, um Deprivationserscheinungen frühzeitig zu erkennen und adäquate Unterstützungsangebote zu schaffen. Dies gilt gleichermaßen für ehrenamtlich Tätige. Voraussetzung ist die Qualifizierung der Mitarbeiterschaft. Denkbar ist eine Qualifizierungsoffensive im Rahmen von Aus-, Fort- und Weiterbildungsangeboten der AWO für sich, aber auch für andere. Vorgeschlagen wurden Fortbildungsmodule zu folgenden Schwerpunkten:

- Umfang, Erscheinungsformen und Folgen von Armut
- Umgang mit Armut im Einzelfall, in der Einrichtung, im Quartier
- Eltern- und familienorientiertes Arbeiten
- Interkulturelle Kompetenzförderung
- Entwicklung von Vernetzungs- und Kooperationskompetenzen
- Dokumentation und Evaluation
- Öffentlichkeitsarbeit, verbandliche Kommunikationsnetze
- Qualitätsentwicklung und -sicherung in Einrichtungen

Eine solche Qualifizierungsoffensive ist gesamtverbandlich auf allen Ebenen und in allen Arbeitsfeldern zu realisieren. Bedarfs- und zielgruppenspezifische Konzepte sind unter Beteiligung der Fachkräfte vor Ort zu entwickeln, dabei ist ein Top-down-Effekt zu vermeiden. Es gilt auch hier: Die Fachkräfte vor Ort sind die ExpertInnen und die Seismographen für soziale Problemlagen. Ihr Wissen und ihr Engagement sind eine zentrale Säule der AWO als sozialpolitischem Akteur.

(4) Anwaltschaftliches Engagement der AWO mit und für arme Kinder und Jugendliche

Sozialpolitisches und anwaltschaftliches Engagement auf allen Ebenen stärken

Aus Sicht der Verbandspraxis wird dem sozialpolitischen Engagement der AWO ausdrücklich zugestimmt sowie eine weitergehende Interessenvertretung für arme Kinder und Jugendliche gefordert. Dieses Engagement wird vor allem in der Durchsetzung und Ausweitung von Angeboten, in der Öffentlichkeitsarbeit und in der allgemeinen politischen Einflußnahme auf Kommunal-, Landes- und Bundesentscheidungen gesehen. Dagegen spielt die direkte Anwaltschaft für einzelne oder für die Zielgruppe vor Ort eine untergeordnete Rolle.

„Betroffenenbeteiligung", Teilhabe aller Kinder und Jugendlichen

Es sind neue Formen und Konzepte zu entwickeln, in denen gemeinsam mit den Betroffenen Probleme in einem Gemeinwesen identifiziert und Lösungen entwickelt werden. Diese Betroffenenbeteiligung muß für alle Kinder und Jugendlichen, einschließlich MigrantInnen und arme junge Menschen, gelten. Sie alle haben ein Recht auf Teilhabe und Teilnahme am gesellschaftlichen Leben. Ziel muß es sein, den jungen Menschen Raum zur Gestaltung und Entfaltung innerhalb des Gemeinwesens zu schaffen. Wichtig ist weiterhin, daß sie das Gemeinwesen nach eigenen Vorstellungen mitgestalten können.

Interessenvertretung

Der Gesamtverband muß sowohl örtlich als auch regional und überregional stärker als bisher und immer wieder von neuem die Anwaltschaftsfunktion für arme Kinder und Jugendliche übernehmen. Anwalt zu sein bedeutet, die Rechte, Ansprüche und Interessen der „MandantInnen" unmittelbar mit ihnen und für sie zu verfolgen und durchzusetzen. Hier sehen die AWO-Fachkräfte vor allem drei Aktions- und Entwicklungsfelder:

- Öffentliches Engagement auf allen Ebenen durch zentrale Veranstaltungen und dezentrale Aktionen vor Ort.

- Verstärktes Engagement in kommunalen Gremien wie beispielsweise Jugendhilfeausschuß, Sozialausschuß, Wirtschafts- und Entwicklungsausschuß.

- Intensiveres verbandspolitisches Engagement in bezug auf die kinder- und familienfreundliche Ausgestaltung der Sozialgesetzgebung auf Landes-, Bundes- und Europaebene.

8.2 Politischer Handlungsbedarf

Armut bei Kindern und Jugendlichen ist über den individuellen Fall hinaus im gesellschaftlichen Kontext (zum Beispiel anhaltender struktureller Arbeitslosigkeit) zu sehen. Die großen gesellschaftlichen Verursachungszusammenhänge von Armut sind in der Lebenswirklichkeit von Kindern und Jugendlichen „angekommen", haben dort ihre spezifischen Auswirkungen und verlangen entsprechend nach differenzierten Handlungsstrategien. Vorrangig müssen solche Maßnahmen zur Anwendung kommen, die Armut von Kindern und Jugendlichen und deren Familien verhindern sowie gesellschaftliche Teilhabe und Chancengleichheit sicherstellen. Zur Vermeidung und zur Bewältigung von Armut sind gesellschaftliche und staatliche Aktivitäten auf unterschiedlichen Ebenen notwendig. Nachfolgend wird der Handlungsbedarf skizziert, der sich aus der Sicht des ISS-Projektteams und der Projektberater aus der AWO-ISS-Studie ergibt.

Europäische Sozial- und Armutspolitik

Zunehmend werden politische und soziale Rahmenbedingungen nicht mehr allein national, sondern auf EU-Ebene geschaffen. Da Kinder und Jugendliche nicht nur in Deutschland, sondern in fast allen EU-Mitgliedsländern einem überdurchschnittlichen Armutsrisiko unterliegen, sind die sozialpolitischen Maßnahmen insbesondere auf die Vermeidung, Bearbeitung und Überwindung von Kinderarmut auszurichten. Dies muß bei der Umsetzung der neuen sozialpolitischen Agenda der EU beachtet werden.

Migration und Armut

Deutschland ist ein Einwanderungsland und eine zunehmend multiethnisch geprägte Gesellschaft. Kinder und Jugendliche mit Migrationshintergrund sind in Deutschland – aufgrund direkter Diskriminierung und vielfältiger rechtlicher und kultureller Benachteiligungen – nicht nur häufiger arm, sondern im Vergleich zu deutschen Kindern und Jugendlichen besonders „arm dran". Aufgrund schlechterer Ausgangsbedingungen gelingt es den ausländischen Familien trotz beachtlicher kultureller und emotionaler Ressourcen oft nicht, Familienarmut nicht direkt auf die Lebenslage der Kinder und Jugendlichen durchschlagen zu lassen. Insbesondere bei einem ungesicherten rechtlichen Status sind Eltern kaum in der Lage, die Entwicklung ihrer Kinder sinnvoll zu fördern. Dies führt zu einem hohen Anteil armer Kinder aus Migrantenfamilien, deren Entwicklung stark beeinträchtigt ist. Um das Brachliegen dieser Human-Ressourcen zu verhindern, bedarf es großer Anstrengungen von Gesellschaft und Politik, aber auch der Institutionen, die mit MigrantInnen arbeiten. Die öffentliche Anerkennung von Einwanderung und Eingewanderten durch die Politik (unter anderem durch Schaffung eines Einwanderungsgesetzes und Bekenntnis zum uneingeschränkten Recht auf Asyl) wäre ein erster Schritt, der neben künftigen MigrantInnen auch den schon hier lebenden Kindern und Jugendlichen und ihren Familien zugute käme.

(Rechtliche) Situation der Kinder von Asylsuchenden verbessern

Darüber hinaus scheint es vor dem Hintergrund der Studienergebnisse notwendig, besonders die Situation der Kinder von AsylbewerberInnen zu verbessern. Das gesellschaftliche und institutionelle Interesse richtete sich bisher vorrangig auf die Erwachsenen. Die prekäre Situation der Kinder, ihre Lebens- und Entwicklungsbedürfnisse wurden und werden nicht ausreichend beachtet. Kinder aus Familien mit laufendem Asylverfahren leben mit ihren Eltern in ständiger Unsicherheit und „auf Abruf". Der grundgesetzliche Schutz und die Regelungen des Kinder- und Jugendhilfegesetzes (KJHG) gelten für sie nur eingeschränkt. Die politisch gewollte Verweigerung von Integrationsmaßnahmen für Kinder von AsylbewerberInnen widerspricht jeglichem Selbstverständnis der Jugendhilfe. Das Ausländer-, Asylverfahrens- und Asylbewerberleistungsgesetz produzieren Armut, die durch Sozialarbeit/-pädagogik nicht auflösbar ist. Zu fordern ist die volle Umsetzung der UN-Kinderrechtskonvention und (damit) der Vorrang des KJHG vor Ordnungsrecht.

Die Einkommenssituation von Kindern und Familien vor allem im unteren Einkommensbereich verbessern

Die Verbesserung der materiellen Situation von Kindern und ihren Familien ist dringend erforderlich. Dafür ist ein veränderter Familienlastenausgleich notwendig, der besonders Familienhaushalte mit geringem Einkommen entlastet. Sicherzustellen ist auch, daß Kinder in Sozialhilfehaushalten an einer solchen materiellen Besserstellung partizipieren. Eine von verschiedenen denkbaren Lösungen wäre die Einführung eines einkommensabhängigen Kindergeldzuschlages für untere Einkommensschichten in Höhe der Differenz zwischen dem Existenzminimum von Kindern und dem generellen Kindergeld, so daß Kinder kein „Sozialhilferisiko" mehr darstellen.

Arbeitsmarktpolitik und berufliche Hilfeplanung

Neben grundsätzlichen Strukturmaßnahmen zur deutlichen und dauerhaften Senkung der Arbeitslosigkeit (zum Beispiel Abbau von Überstunden, Sabbaticals, Reduzierung der Wochenarbeitszeit) muß eine aktive Arbeitsmarktpolitik stehen, die besser an den Bedarfen des Arbeitsmarktes **und** an den Wünschen, Möglichkeiten und Grenzen der Menschen, besonders von geringqualifizierten Müttern und Vätern, orientiert ist. Die individuelle Hilfeplanung – unter Berücksichtigung der familiären Gesamtkonstellation – ist auszubauen.

„Recht" des Kindes/ Jugendlichen auf Bildung und Ausbildung

Jugendliche aus armen und sozial benachteiligten Familien haben eingeschränkte Bildungs- und Berufschancen. Insbesondere in Ostdeutschland verfügen sozial benachteiligte Jugendliche derzeit kaum über Aussichten auf qualifizierte Ausbildungs- und Arbeitsplätze. Diese Entwicklung ist nicht individuell verursacht, sondern gesellschaftlich begründet. Nicht zuletzt die Wirtschaft selbst hat sich vielfältige Versäumnisse in der (Berufs-)Ausbildung der heranwachsenden Generationen „geleistet". Notwendig werden eine Ausweitung des Ausbildungsplatzangebotes und zahlreiche Maßnahmen, um möglichst allen Jugendlichen eine Ausbildung zu ermöglichen.

Außerhäusliche Betreuungsangebote verbessern

Die Studie hebt besonders den Bedarf von (armen) Kindern im Vorschulalter und die Notwendigkeit einer bedarfsgerechten und qualitativ guten institutionellen Tagesbetreuung hervor. Notwendig sind insbesondere der Ausbau der Betreuungskapazitäten für Null- bis Zwölfjährige, die Sicherstellung von „arbeitsmarktgerechten" Öffnungszeiten und ein höherer Personalschlüssel für Einrichtungen mit einem hohen Anteil an armen und benachteiligten Kindern.

Soziale und kulturelle Teilhabe

Um über die institutionelle Betreuung hinaus die Teilhabe von armen Kindern und Jugendlichen zu sichern und ihnen notwendige Erfahrungsmöglichkeiten zu bieten, sollten Freizeit- und kulturelle Angebote in kommunaler Trägerschaft für Kinder und Jugendliche bis zur Vollendung des sechzehnten Lebensjahres kostenlos vorgehalten werden. Sie müssen in ausreichendem Umfang in den von Kindern frequentierten Wohnquartieren und Stadtteilen vorhanden sein.

Tatsächliche Umsetzung des KJHG sichern

Das Kinder- und Jugendhilfegesetz bildet die Grundlage für ein umfangreiches Angebots- und Hilfesystem zum Wohle des Kindes. Gleichwohl muß dieses Gesetz in seiner praktischen Umsetzung systematisch überprüft und weiterentwickelt und vor allem vor Ort für eine ausreichende Ressourcenausstattung gesorgt werden. Deregulierung und die Delegation von Aufgaben in die Kommunen dürfen nicht zu einer Einsparungspolitik führen, die dem gesetzlichen Integrationsansatz des KJHG entgegensteht und insbesondere arme und benachteiligte Kinder zu den Leidtragenden macht.

Vernetzung Sozialer Dienste

Armut stellt eine Lebenslage mit verschiedenen Dimensionen dar. Dieser Multidimensionalität ist bei der Vorbeugung, der Bearbeitung und der Überwindung von Armut gerecht zu werden. Die vorgelegten Ergebnisse unterstreichen nachhaltig die Forderung nach einer vorbeugend wirkenden, vernetzten Sozialen Arbeit mit Kindern und Jugendlichen. Dies ist nur durch ein Zusammenwirken aller Einrichtungen zu erreichen. Insbesondere die Zusammenarbeit zwischen den „Standardinstitutionen“ (Kindertagesstätten, Schulen) und dem kommunalen Allgemeinen Sozialen Dienst (ASD) sowie den verschiedenen Beratungseinrichtungen ist umfassend auszubauen.

Neben der individuellen Förderung muß an der Verbesserung der sozialräumlichen Bedingungen gearbeitet werden, denn die Zukunftschancen armer Kinder und Jugendlicher erhöhen sich mit den Entwicklungschancen der Kommunen und Stadtteile, in denen sie leben.

(Vernetzungs-) Konzepte vor allem in besonders belasteten Sozialräumen

Arme Kinder und Jugendliche, die in besonders benachteiligten Sozialräumen (Sozialen Brennpunkten) aufwachsen, finden dort in der Regel sehr ungünstige Entwicklungsbedingungen vor. Obgleich in diesen Sozialräumen bereits heute verschiedenste Angebote vorhanden sind, sind diese unter anderem durch mangelhafte Strukturen der Zusammenarbeit untereinander, mit den BewohnerInnen und der lokalen Ökonomie nicht im eigentlich gewünschten und möglichen Maße fähig, die Perspektiven der jungen BewohnerInnen zu verbessern. Das gerade anlaufende Programm „Entwicklung und Chancen...“/„Soziale Stadt“ greift diese Probleme auf und weist deshalb in die richtige Richtung. Es ist in seiner Umsetzung kritisch zu begleiten, insbesondere was die Dauerhaftigkeit beziehungsweise Nachhaltigkeit sowie die Übertragbarkeit der in diesem Rahmen gemachten (positiven) Erfahrungen anbelangt.

Sozialberichterstattung

Der deutsche Kinder- und Jugendbericht und der geplante nationale Armutsbericht sollten in Zukunft gezielt darüber informieren, inwieweit durch vorhandene Maßnahmen Armut von Kindern und Jugendlichen verhindert und überwunden werden kann. In diese Berichterstattung sollten die direkten Leistungserbringer ebenso miteinbezogen werden wie in geeigneter Weise die Kinder und Jugendlichen selbst. Die Unabhängigkeit dieser Berichterstattung von administrativen Vorgaben und Interessen ist sicherzustellen.

Diese vor dem Hintergrund der Studienergebnisse zusammengetragenen Handlungsanforderungen stellen alle gesellschaftliche Ebenen, insbesondere aber die Politik und die Wohlfahrtsverbände, vor große Herausforderungen. Der hier zu führende Diskurs muß zeigen, ob und an welchen Punkten ein gesellschaftlicher Konsens möglich ist. So wird sich erweisen, wieviel uns die Zukunft „unserer Kinder" und die Zukunftschancen der benachteiligten unter ihnen tatsächlich wert sind.

ANHANG

Anhang 1: Methodische Anlage und Vorgehensweise

Das methodische Vorgehen und die einzelnen Untersuchungsabschnitte sind in der nachfolgenden Tabelle angegeben.

Tab. 18: Untersuchungsabschnitte und methodisches Vorgehen im Überblick

Zeitraum/Feldphase		Dokumentiert in
September 1997 bis März 1998	1) Inhaltliche und methodische Konkretisierung der Fragestellung; Literaturstudien; Expertenbefragung (N = 50)	Band 1
Januar 1998 bis Juli 1998	2) Einrichtungsbefragung/ Grunderhebung (N = 2.758)	Band 2
November 1998 bis Januar 1999	3) Systemische Fallstudien (Vorschul-)Kinder in armen Familien (N = 10)	Band 3
Februar 1999 bis Juli 1999	4) Quantitative Erhebung „Armut im Vorschulalter“ (N = 893)	Band 4
August 1999 bis Januar 2000	5) Biographische Fallstudien „Erfolgreiche“ Jugendliche (N = 19)	Band 5

1) Inhaltliche und methodische Vorarbeiten

Zu Beginn der Studie mußte der aktuelle Stand der Forschung über die Armut von Kindern und Jugendlichen erarbeitet werden. Weiterhin waren das Projektmanagement und die Arbeitsstrukturen aufzubauen und festzulegen.

Zur inhaltlichen und methodischen Verbreitung wurden zahlreiche Gespräche mit Fach- und Leitungskräften aus AWO-Einrichtungen vor Ort durchgeführt. Insbesondere dienten die Expertengespräche dazu,

- die Organisation, die Angebotsstrukturen und die NutzerInnen der AWO zu erfassen,
- die Wahrnehmung von Armut bei Kindern und Jugendlichen seitens der PraktikerInnen vor Ort kennenzulernen und
- eine möglichst praxis- und problemnahe Gestaltung des Untersuchungsdesigns und der eigentlichen Erhebungsinstrumente vornehmen zu können.

Bei der Auswahl der GesprächspartnerInnen sollten Einrichtungen in den alten und neuen Bundesländern, in ländlichen und städtischen Regionen sowie aller relevanten Einrichtungs- beziehungsweise Angebotstypen, in denen Kinder und Jugendliche direkt oder indirekt betreut werden, Berücksichtigung finden.

Die Expertengespräche wurden im Rahmen von Einrichtungsbesuchen in sechs Kreisverbänden und einem Bezirksverband der AWO durchgeführt. Die Auswahl der Interviewten erfolgte durch die jeweilige Verbandsgliederung. Die Gespräche wurden entweder in Form eines Gruppengespräches oder als Einzel- oder Zweiergespräch geführt. Insgesamt konnten 73 Personen in 50 Expertengesprächen befragt werden. Bei den befragten Personen handelte es sich um Fachkräfte mit und ohne Leitungsfunktion aus den Bereichen Kinder-, Jugend- und Familienhilfe.

2) Einrichtungsbefragung/Grunderhebung

In der zweiten Projektphase wurden alle AWO-Einrichtungen und -projekte befragt, die direkt (alle Angebote der Kinder- und Jugendhilfe) oder indirekt (zum Beispiel Beratungsstellen) mit Kindern zu tun haben.

Mit dieser Grunderhebung sollten nicht nur die weiteren Untersuchungsschritte vorbereitet, sondern auch die Wahrnehmung von Armut durch die Fachkräfte und der Umgang mit Armut durch Fachkräfte, Einrichtungen und Träger abgefragt werden. Weiterhin war beabsichtigt, Informationen zur Verbandsarbeit im Bereich der Kinder- und Jugendarbeit zu sammeln.

Für alle 29 Landes- und Bezirksverbände der AWO wurden AnsprechpartnerInnen benannt, die für das ISS die zentralen Kontaktpersonen in bezug auf die Erhebung im allgemeinen und die Adressensammlung im besonderen sein sollten. Die AnsprechpartnerInnen wurden im Januar 1998 angeschrieben und um Sammlung beziehungsweise Ergänzung ihrer Adressen gebeten. Sie erhielten genaue Informationen, welche Einrichtungen und Angebote einbezogen sind und wie die Adressen an das ISS geschickt werden sollten.

Tab. 19: Anzahl der befragten Einrichtungen und Angebote der AWO nach Gliederungen

Gliederung/Sitz	Anzahl der Einrichtungen und Angebote für Kinder und Jugendliche, die tatsächlich berücksichtigt wurden	
	Absolut	In Prozent
Bezirksverband Baden, Karlsruhe	102	2,8
Bezirksverband Braunschweig, Braunschweig	48	1,3
Bezirksverband Hannover, Hannover	151	4,2
Bezirksverband Hessen-Nord, Kassel	62	1,7
Bezirksverband Hessen-Süd, Frankfurt am Main	109	3,0
Bezirksverband Mittelrhein, Köln	263	7,2
Bezirksverband Niederbayern/Oberpfalz, Regensburg	30	0,8
Bezirksverband Niederrhein, Essen	305	8,4
Bezirksverband Oberbayern, München	89	2,4
Bezirksverband Ober- und Mittelfranken, Nürnberg	108	3,0
Bezirksverband Ostwestfalen-Lippe, Bielefeld	168	4,6
Bezirksverband Pfalz, Neustadt/Weinstraße	10	0,3
Bezirksverband Rheinland/Hessen-Nassau, Koblenz	19	0,5
Bezirksverband Schwaben, Stadtbergen	43	1,2
Bezirksverband Unterfranken, Würzburg	34	0,9
Bezirksverband Weser-Ems, Oldenburg	72	2,0
Bezirksverband Westliches Westfalen, Dortmund	487	13,3
Bezirksverband Württemberg, Stuttgart	38	1,0
Landesverband Bayern, München	76	2,1
Landesverband Berlin, Berlin	35	1,0
Landesverband Brandenburg, Potsdam	180	2,9
Landesverband Bremen, Bremen	32	0,9
Landesverband Hamburg, Hamburg	35	1,0
Landesverband Mecklenburg-Vorpommern, Schwerin	222	6,1
Landesverband Saarland, Saarbrücken	57	1,6
Landesverband Sachsen-Anhalt, Magdeburg	204	5,6
Landesverband Sachsen, Dresden	358	9,8
Landesverband Schleswig-Holstein, Kiel	109	3,0
Landesverband Thüringen, Erfurt	212	5,8
AWO insgesamt	**3.658**	**100,0**
Jugendwerk der AWO, Bonn	262	
AWO und Jugendwerk insgesamt	**3.919**	

Quelle: Einrichtungserhebung AWO-ISS-Studie 1998.

Parallel zur Adressensammlung und -eingabe wurde mit Rundschreiben und einem Artikel im AWO-Magazin über die anstehende Erhebung informiert. Ein Pretest fand bei etwa 20 Einrichtungen statt, um den entwickelten Fragebogen auf Verständlichkeit, Eindeutigkeit und Akzeptanz hin zu überprüfen.

Insgesamt wurden 4.108 in Frage kommende Einrichtungen, Angebote und Projekte gemeldet. Durch die im Verlauf der Befragung eingegangenen Rückmeldungen, die anschließende Bereinigung der Adressenlisten und die Herausnahme von „Irrläufern" (zum Beispiel Generationentreff, der nur von älteren Menschen genutzt wird) reduzierte sich die Anzahl auf 3.919 einzubeziehende Einrichtungen und Projekte. Diese bildeten die Grundgesamtheit der Einrichtungserhebung (vgl. Tabelle 19).

Die nichtanonymen Fragebogen wurden zunächst den Landes-/Bezirksverbänden päckchenweise zugeschickt, die diese dann jeweils an die nächste Verbandsgliederung weiterleiteten. Nach drei Mahnverfahren lag die Rücklaufquote bei rund 75 Prozent. 2.758 Fragebogen waren auswertbar. Diese Beteiligungsquote ist als außerordentlich gut einzuschätzen.

In der Regel waren die Fragebogen sehr gut ausgefüllt. Bei größeren Problemen erfolgte eine telefonische Rücksprache mit den Einrichtungen.

3) Systemische Fallstudien zu Armut im Vorschulalter

Das für Deutschland wissenschaftlich noch weitgehend unbearbeitete Thema sollte zunächst anhand einzelner Fälle anschaulich und in der Tiefe, also qualitativ behandelt werden. Folgenden **Fragen** wurde nachgegangen:

- Welche Ausgangsbedingungen haben Vorschulkinder – neben der materiell beengten Situation – in armen Familien?
- Wie gehen die Eltern (Mutter und/oder Vater) des Kindes mit der Situation um? Welche Bewältigungs- oder Copingstrategien lassen sich ausmachen?
- Welche Auswirkungen hat die materielle Armut der Familie auf das Kind?
- Welche Armuts- beziehungsweise Problemtypen lassen sich ausmachen?
- Wie muß vor dem Hintergrund der unterschiedlichen Armuts- beziehungsweise Problemtypen in Zukunft gehandelt werden? Welche Forderungen an Sozialarbeit und (Sozial-) Politik lassen sich aus den Ergebnissen ableiten?

Zur Beantwortung dieser Fragestellungen können neben dem (Vorschul-)Kind selbst seine Eltern, (ältere) Geschwister und außerhäusliche Kontaktpersonen, vor allem die ErzieherInnen der Kindertagesstätte, aber eventuell auch andere Fachkräfte, die Kontakt mit der Familie beziehungsweise dem Kind haben, mit wichtigen Informationen beitragen. Die durchzuführende qualitative Untersuchung wurde daher als eine (systemische) Umfeldbefragung geplant.

Insgesamt sollten zwischen zehn bis zwölf Familien befragt werden, davon etwa zwei Drittel aus Westdeutschland und ein Drittel aus Ostdeutschland.

Zugang zu diesen Familien wurde über AWO-Kindertagesstätten gesucht. Unter Rücksprache mit AnsprechpartnerInnen und der Koordinationsgruppe wurden schließlich zwei Kindertagesstätten in einer westdeutschen Großstadt (ca. 200.000 EinwohnerInnen) und eine ostdeutsche Einrichtung in einer Mittelstadt (ca. 40.000 EinwohnerInnen) ausgewählt. Dies geschah deswegen, weil so viele Kinder aus armen Familien erreicht und gleichzeitig jeweils für West- oder Ostdeutschland „typische" lokale Umgebungen berücksichtigt werden konnten: hier die Einrichtungen in einer westdeutschen Großstadt mit vielen Migrantenkindern, dort die Einrichtung in einer ostdeutschen Mittelstadt mit massiven Strukturproblemen und dementsprechend vielen deutschen Kindern aus Arbeitslosenfamilien.

Die **auszuwählenden Fälle** sollten eine möglichst große Bandbreite an Lebensbedingungen in armen Familien[60] abdecken. Unter den Ziel-Kindern sollten (mindestens einmal) folgende Gruppen vertreten sein:

- (Armes) Kind aus Ein-Eltern-Haushalt
- (Armes) Kind aus vollständiger Familie, zumindest Vater (Haupternährer) arbeitslos
- (Armes) Kind aus kinderreicher Familie (mindestens drei Kinder)
- (Armes) Migrantenkind (sowohl ausländisches Kind als auch Aussiedlerkind)
- (Armes) Kind aus überschuldeter Familie
- (Armes) Kind aus einem Haushalt mit geringem Erwerbseinkommen („working poor")

Auf diese Weise wurde sichergestellt, daß alle „klassischen" Armutsgruppen vertreten sind. Bezüglich der Dauer familiärer Armut wurden keine Vorgaben gemacht.

Die Auswahl der Kinder beziehungsweise der Familien erfolgte durch die Fachkräfte vor Ort. Nur sie hatten die notwendigen Informationen zur finanziellen Situation der Familien und zu den sonstigen Lebensbedingungen des Kindes. Außerdem konnten nur sie die Interview-Anfrage an die in Frage kommenden Familien richten. Der Auswahlprozeß wurde jedoch vom ISS-Projektteam gesteuert.

Die **Befragung der Kinder** wurde zunächst als ein Reporter-Spiel durchgeführt: Die ReporterInnen (= ISS-MitarbeiterInnen) kamen mit großem Bandgerät und Mikrofon vorbei, begrüßten die Kinder und ließen diese zunächst zur Auflockerung malen, was sie sich wünschen würden, wenn eine Fee ihnen einen Wunsch freigäbe. Danach wurden die Kinder

---

60 Als arm wurde eine Familie dann betrachtet, wenn sie weniger als 50 Prozent des durchschnittlichen (nach Haushaltsgröße gewichteten) Einkommens zur Verfügung hat und/oder Sozialhilfe bezieht.

nacheinander zu ihren Bildern befragt. Den eigentlichen Ziel-Kindern wurde besondere Aufmerksamkeit geschenkt. Die Bilder und die kommentierenden Aussagen der Kinder waren jedoch weniger aussagekräftig als ursprünglich erhofft. Eine Abwandlung der Reporter-Aktion mit einer getrennten Befragung der Kinder ergab kaum bessere Ergebnisse. Diese Erkenntnisse führten zu einer Änderung des Vorgehens. Bei einem Teil der Kinder nahmen die ISS-MitarbeiterInnen an den Gruppenaktivitäten teil und beobachteten die Ziel-Kinder. Die zuständige Erzieherin veranstaltete gezielt einen Gesprächskreis zum Thema Wochenende, wobei sie die Ziel-Kinder, sofern sie kommunikativ dazu in der Lage waren, etwas ausgiebiger befragte. Wegen der großen Vertrautheit der Person und des Themas erzählten einzelne Kinder recht umfassend davon, was sie gemacht hatten, was wiederum einen guten Einblick in ihre Lebenssituation zuließ. Die letztgenannte der beiden Herangehensweisen (Kombination aus teilnehmender Beobachtung und Befragung durch die bekannte Kontaktperson) hat sich zum Kennenlernen der Kinder gut bewährt. Dennoch taugte sie in dieser (zeitlich limitierten) Form nicht für tiefergehende Erkenntnisse.

Die **Befragung der übrigen Personen** – der Hauptbezugsperson in der Familie (Vater oder Mutter), der zuständigen Fachkraft/Erzieherin, der Einrichtungsleitung, aber auch der älteren Geschwister – fand in Form leitfadengestützter problemzentrierter Interviews statt. Die Interviews, die zwischen einer halben und eineinhalb Stunden dauerten und meist in der Kindertagesstätte stattfanden, wurden vollständig transkribiert. Zu jedem Interview wurde ein Postskript angefertigt. Nicht alle Geschwisterinterviews konnten realisiert werden. Zum Teil wurden auch andere Fachkräfte (zum Beispiel Familienhelferin, Horterzieherin) als außerhäusliche Kontaktpersonen befragt.

Die Anzahl der auszuwertenden Interviews pro „Fall“ schwankt zwischen drei und sechs Interviews. Die als Fallbeispiele präsentierten zehn Kinder/Familien basieren auf etwa 40 Interviews.

In mehreren Diskussionsrunden des ISS-Projektteams wurden die Fallinterpretationen überprüft und entsprechend überarbeitet. Auswertung und Darstellung der Fälle erfolgten nach einem einheitlichen Schema. In mehreren Schritten wurden abschließend „Typen“ im Sinne von Betroffenengruppen herausgearbeitet und daraus resultierender Handlungsbedarf formuliert.

4) Quantitative Erhebung „Armut im Vorschulalter“

Im vierten Teil des Projektes wurde eine quantitative Befragung zur Lebenssituation von Kindern im Vorschulalter durchgeführt. Im Rahmen dieser Untersuchung sollte insbesondere ermittelt werden,

- welche Gruppen von Armut betroffen sind,
- inwiefern sich die Lebenssituation von armen und nicht-armen Kindern dieses Alters unterscheidet,

- welche Erscheinungsform und Folgen Armut in diesem Alter hat und
- wessen Teilhabe- und Lebenschancen durch „Auffälligkeiten" schon im frühen Kindesalter beeinträchtigt erscheinen.

Ausgewählt wurden 1993 geborene Kinder, die zum Erhebungszeitpunkt im Frühsommer 1999 zwischen 5,5 und 6,5 Jahre alt und meist schon drei Jahre in der Kindertagesstätte waren.

Nach intensiven Vorüberlegungen und Feldabklärungen[61] wurde die quantitative **Erhebung** zur Lebenssituation der Kinder im Vorschulalter als eine InformantInnenbefragung durchgeführt: Die ErzieherInnen wie auch die LeiterInnen in AWO-Einrichtungen wurden gebeten, Auskunft über die von ihnen betreuten Kinder zu geben. Hierzu wurde ein hochstandardisierter Fragebogen entwickelt, der möglichst für alle Kinder kurz und ohne zusätzlichen oder größeren Erhebungsaufwand beantwortbar sein mußte und mit einem hohen Maß an Sicherheit auf der Basis des Alltagswissens und des Alltagsverständnisses in den Kindertagesstätten ausgefüllt werden konnte.

Das **Frageprogramm** selbst enthält neben Fragen zur materiellen Lage der Familie (als Basis für eine Zuordnung der Kinder in die Gruppen „arme Kinder" und „nicht-arme Kinder") und zu einigen wichtigen soziodemographischen Angaben (Geschlecht, Familientyp, Anzahl der Geschwister, Erwerbsstatus der Eltern etc.) vor allem Fragen zum Entwicklungsstand der Kinder. Sowohl die „materielle" als auch die „kulturelle", „soziale" und „gesundheitliche" Dimension der Lebenssituation der Kinder sollten möglichst gut abgebildet werden. Bei der Auswahl und Formulierung der Fragen mußte das in der Regel auf die „Kindergartenwelt" beschränkte Wissen der den Fragebogen ausfüllenden Fachkräfte berücksichtigt werden.

Insgesamt war beabsichtigt, zirka 60 Kindertagesstätten der AWO mit jeweils 15 bis 20 Kindern auszuwählen, um dann etwa 1.000 Kinder im Alter von zirka sechs Jahren befragen zu können.

In einem mehrstufigen **Auswahlverfahren** wurden die AWO-Kindertagesstätten nach vorhandener Armutsklientel und Kooperationsbereitschaft, aber auch nach regionalen Kriterien ausgewählt. Ziel der Auswahl war es, möglichst viele arme Kinder der unterschiedlichsten Armutsgruppen und -typen zu erreichen und deren Lebenssituation mit der nicht-armer Kinder in den ausgewählten Einrichtungen zu vergleichen. Die für die Erhebung zu berücksichtigenden Kinder wurden wie folgt ausgewählt: Die Namen aller 1993 geborenen Kinder in den ausgewählten AWO-Kindertagesstätten wurden aufgelistet, und je Name wurde eine Codenummer vergeben. Waren in einer Kindertagesstätte mehr als 20 in Frage kommende Kinder, wurde über eine Zufallsauswahl die Zahl auf 20 begrenzt, um den Erhebungsaufwand für die Fachkräfte in Grenzen zu halten. Ansonsten wurden alle Kinder einbezogen.

---

61 Die Alternative – eine Befragung der Eltern – wurde vor allem deswegen verworfen, weil auf diese Weise (erfahrungsgemäß) Arme unterrepräsentiert worden wären beziehungsweise bestimmte Gruppen von Armen (zum Beispiel Kinder aus Migrantenfamilien mit unsicherem Aufenthaltsstatus) kaum oder gar nicht hätten erreicht werden können. Ziel war es jedoch, eine möglichst verzerrungsfreie Auswahl an Kindern zu bekommen.

Nach erfolgten Pretests, die nur vereinzelte Verbesserungen notwendig erscheinen ließen, wurden schriftliche Hinweise zum Ausfüllen des Fragebogens erarbeitet. Schließlich wurden die LeiterInnen der ausgewählten Einrichtungen beziehungsweise ihre VertreterInnen an fünf Standorten in Deutschland zu einer Schulung eingeladen, an der bis auf wenige Ausnahmen alle teilnahmen. Dabei wurde erläutert, wie die Kinder auszuwählen sind und der Fragebogen auszufüllen ist. Die SchulungsteilnehmerInnen wurden gebeten, diese Instruktionen an die KollegInnen der an der Befragung beteiligten Einrichtungen weiterzugeben. Im Rahmen der Schulung wurden die Fragebogen zusammen mit den Hinweisen zum Ausfüllen verteilt. Außerdem erhielten die Fachkräfte dort (zum Teil auch vorab) Elterninformationsblätter zur geplanten Erhebung, die sie an die Eltern der in Frage kommenden Kinder verteilten. Nur wenn die Eltern sich innerhalb einer Woche schriftlich oder mündlich gegen die Einbeziehung ihrer Kinder in die Erhebung aussprachen, wurde das Kind unberücksichtigt gelassen.

Für das Ausfüllen der Fragebogen war im Frühsommer 1999 ein Zeitraum von vier Wochen vorgesehen. Es war beabsichtigt, daß die Person, die das Kind am besten kennt, den Fragebogen ausfüllt. Dies war in der Regel eine Erzieherin in der Gruppe. Bei den Fragen zur (materiellen) Familiensituation sollte sich diese Erzieherin Unterstützung von der Einrichtungsleitung holen.

Die ausgefüllten Fragebogen wurden – nur mit einer Codenummer für die Einrichtung und das Kind versehen, also anonym – gebündelt ans ISS zurückgeschickt. Dort wurden Vollständigkeit und Schlüssigkeit der Angaben kontrolliert; bei Klärungsbedarf wurde unter Bezug auf die Codenummer(n) noch einmal vor Ort nachgefragt. Die so vorbereiteten Fragebogen wurden dann datentechnisch erfaßt.

Unter den ursprünglich 64 ausgewählten Einrichtungen gab es vorab zwei Ausfälle. Insgesamt kamen in den verbleibenden 62 Einrichtungen 1.104 Kinder in Betracht. Davon wurden 1.038 ausgewählt, da vom ISS eine Begrenzung von maximal 20 Kindern pro Einrichtung festgelegt worden war. Durch nachträgliche Verweigerungen fielen zwei Einrichtungen mit 50 Kindern aus. Hinzu kamen 66 Verweigerungen durch Eltern. Insgesamt wurden 922 Fragebogen (= 88,8 Prozent) zurückgeschickt, von denen 893 verwertbar waren. Die **Rücklaufquote** von etwa 89 Prozent ist als sehr gut zu bezeichnen. Bei den Verweigerungen waren Arme überrepräsentiert, der Anteil der AusländerInnen unter den Verweigernden entsprach dem Durchschnitt. Angesichts der insgesamt kleinen Zahl von Verweigerungen und nicht verwertbaren Fragebogen dürfte es durch die Ausfälle nicht zu ernsthaften Verzerrungen gekommen sein. Die ursprünglich avisierte Zahl von 1.000 Kindern wurde somit nicht ganz erreicht. Die Zahl von fast 900 Fällen erschien jedoch für die Analysen ausreichend, so daß keine nachträgliche Ergänzungserhebung durchgeführt wurde.

Die durch die qualitative Vorstudie, das Auswahlverfahren und einen Pretest vorbereitete Befragung erwies sich auch von der Güte der Daten als tauglich: Die Fragebogen waren in der Regel gut ausgefüllt, die Fachkräfte waren gut über die Situation der Kinder und ihrer Familien informiert. Allerdings ist bei den Einschätzungen zum Verhalten der Kinder grundsätzlich nicht auszuschließen, daß vorgefaßte Meinungen beziehungsweise Stigmatisierungen auf seiten der Fachkräfte dazu führen, daß arme Kinder „schlechter“ bewertet werden. Diesem grundsätzlichen Problem versuchte das ISS-Projektteam bei der Auswertung durch Indizes zu begegnen. Detaillierte Informationen zu Definitionen, Operationalisierungen und Indexkonstruktion finden sich in Band 4 (34-42).

5) Biographische Fallstudien zu „erfolgreicher“ Armutsbewältigung

Im fünften Teil des Projektes sollten anhand von Fallbeispielen mögliche Wege aus der Armut respektive der „erfolgreichen“ Armutsbewältigung dargestellt werden. Ziel war es,

- Beispiele für „gelungene“ Armutsbewältigung beziehungsweise „erfolgreiche“ Biographien unter Armutsbedingungen zu liefern,

- die Bedingungen erfolgreicher Armutsbewältigung anhand dieser Beispiele herauszuarbeiten und

- insbesondere die Rolle professioneller Unterstützung im Hinblick auf die Bewältigung zentraler Probleme zu untersuchen.

Die vorgesehenen InterviewpartnerInnen sollten aus Ost- wie aus Westdeutschland kommen. Sie sollten:

1. in ihrer Kindheit und/oder Jugend familiäre Armut[62] erlebt haben und

2. diese Armutssituation „erfolgreich“ bewältigt haben. Kriterien hierfür waren:
   - ein Leben oberhalb der Armutsgrenze und innerhalb der Legalität
   - weitgehende Autonomie von professionellen Hilfeleistungen
   - abgeschlossene Schul- und Berufsausbildung

Da es ausgesprochen schwierig war, in Frage kommende Jugendliche und junge Erwachsene (möglichst bis 28 Jahre) zu finden, wurden neben AWO-Einrichtungen auch Einrichtungen anderer Träger (Jugendläden, Streetwork) und/oder des Allgemeinen Sozialen Dienstes kontaktiert.

Die Interviews wurden – nach den ersten leitfadengestützten Testinterviews – als „narrative Interviews“ (nach Schütze) geführt. Die Interviews dauerten zwischen einer Stunde und drei Stunden. Sie wurden auf Band aufgezeichnet und vollständig transkribiert. Ergänzend zu den narrativen Interviews wurden die objektiven Daten der Befragten und ihrer Familien in einem standardisierten Fragebogen erhoben.

---

62 (Familiäre) Armut wurde hierbei mit Bezug auf gängige Konzepte der bundesdeutschen Armutsforschung als relative (Einkommens-)Armut des Haushalts definiert (weniger als 50 Prozent des durchschnittlichen Nettoäquivalenzeinkommens und/oder Sozialhilfebezug).

Nach insgesamt sechs Monaten intensiver Bemühungen kamen insgesamt 19 Interviews zustande. Zwei Interviews wurden wegen qualitativer Mängel nicht weiter bearbeitet. In einem Fall verbrachte die Interviewpartnerin Kindheit und frühe Jugend nicht in Deutschland, so daß der Fall zu sehr aus dem Untersuchungsrahmen (Aufwachsen in Armut in Deutschland) fiel. Auch die verbleibenden 16 Fälle erfüllten nur eingeschränkt die vom ISS-Projektteam vorgegebenen Kriterien. Letztlich „paßten" nur fünf Fälle zu den ursprünglichen Vorgaben in bezug auf (familiäre) Armut und „Erfolg" (siehe oben). Diese fünf Fälle wurden mit dem Verfahren der objektiven Hermeneutik von mindestens zwei Personen ausgewertet und ausführlich dokumentiert. Weitere Details zu Anlage, Methodik und Instrumenten sind in Band 5 (79-88) festgehalten.

Anhang 2: Projektorganisation und Mitglieder der Gremien

ISS-Projektteam

Der Satzung des ISS verpflichtet, beinhaltet das Forschungsvorhaben und damit die Projektarbeit des ISS implizit folgende Prämissen:

- Realisierung eines Theorie-Praxis-Theorie-Transfers
- Entwicklung von innovativen Handlungsansätzen mit dem Ziel der kontinuierlichen Weiterentwicklung der Praxis Sozialer Arbeit
- Prozeß- und handlungsorientiertes Forschungs- und Arbeitsverständnis unter Berücksichtigung von gemeinsam mit den Projektpartnern entwickelten Zielsetzungen und Aufgabenstellungen
- Arbeitsfeld-, organisations- und institutionenübergreifende Interdisziplinarität

Tab. 20: Mitglieder des ISS-Projektteams

Name/Funktion	Arbeits-/Forschungsschwerpunkt
Beate Hock, wissenschaftliche Mitarbeiterin im Projekt	Armut, Empirie
Gerda Holz, Projekt- und Fachbereichsleiterin des ISS	Wohlfahrtsverbände, Sozialpolitik
Renate Simmedinger, wissenschaftliche Mitarbeiterin des ISS	Armut
Pia Theil, Verwaltungsangestellte des ISS (ab Januar 1999)	Verwaltung
Christian Vas, studentische Hilfskraft im Projekt (bis Januar 2000)	Verwaltung
Cornelia Zippel, Verwaltungsangestellte des ISS (bis Dezember 1998)	Verwaltung
Der Kreis der Projektberater setzt sich zusammen aus:	
• Prof. Dr. Ernst-Ulrich Huster, Fachhochschule Bochum	Berater zu Armutsfragen, Armutsforschung
• Prof. Dieter Kreft, Nürnberg	Berater zur Kinder- und Jugendhilfe
• Prof. Dr. Richard Münchmeier, Freie Universität Berlin	Berater zu Kinder- und Jugendfragen, Jugendforschung
• Prof. Dr. Werner Wüstendörfer*, Fachhochschule Nürnberg	Berater in Fragen empirischer Sozialforschung sowie zu Kindern und Jugendlichen

* Prof. Wüstendörfer hat über den allgemeinen Beraterstatus hinaus Aufgaben im Rahmen der Datenerhebung und -auswertung sowie bei der Erstellung der Berichte übernommen.

Dementsprechend zeichnete sich die ISS-interne Organisation der Studie durch eine ebenso anspruchsvolle wie differenzierte Gestaltung aus. Zum einen wurde ein ISS-Projektteam aus langjährigen und speziell für das Projekt gewonnenen wissenschaftlichen MitarbeiterInnen unterschiedlicher Professionen gebildet. Sie vertreten die Arbeitsfelder „Armut", „Kinder und Jugendliche", „Organisationen der Sozialen Arbeit – insbesondere freigemeinnützige Wohlfahrtsverbände" sowie die Bereiche der quantitativen und qualitativen Sozialforschung. Zum anderen wurde dieses Fachprofil ergänzt durch die Einbindung von Experten aus dem Universitäts- und Fachhochschulbereich als ISS-Berater.

Aufgaben des ISS-Projektteams waren die Konzeptionierung, Durchführung, Auswertung und Dokumentation der Untersuchung. Weiterhin galt es, die Rückkopplung zur allgemeinen wissenschaftlichen Diskussion, die fachliche und fachpolitische Berichterstattung gegenüber der Praxis Sozialer Arbeit und den Ergebnistransfer zur AWO als Auftraggeber sicherzustellen. Aufgabe der ISS-Berater war in jeweils unterschiedlicher Ausgestaltung und Zeitgewichtung die fachlich-inhaltliche und/oder methodische Beratung. Drei- bis viermal jährlich fanden umfangreiche Arbeitssitzungen des ISS-Projektteams mit den Beratern statt.

AWO-ISS-Koordinationsgruppe

Die langjährigen und vielfältigen Erfahrungen des ISS in empirischen Forschungsprojekten mit engem Praxisbezug ließen es geboten erscheinen, eine auf Kooperation und kontinuierlichen Austausch ausgerichtete Projektstruktur zu installieren. Dies galt um so mehr, als

- durch den Projektpartner verschiedene Arbeitsaufgaben zur Datensammlung und Datenweiterleitung zu erbringen waren;
- ein Spitzenverband der Freien Wohlfahrtspflege mit seinen sehr heterogenen und sich von Region zu Region unterscheidenden Angebots-, Organisations- und insbesondere Kommunikationsstrukturen in eine bundesweit angelegte Untersuchung einzubinden war;
- im Sinne von Handlungsforschung die „beforschten" Personen schnellstmöglich an den Forschungserkenntnissen partizipieren sollten.

Entsprechend diesen Vorüberlegungen wurde als zweites Projektgremium die „AWO-ISS-Koordinationsgruppe" gebildet. Funktionen dieses Gremiums waren die Sicherstellung des Praxis- und Verbandsbezuges sowie die Absicherung einer möglichst reibungslosen Umsetzung der Untersuchung. Zu den Aufgaben zählten unter anderem:

- Diskussion und Reflexion von konzeptionellen, inhaltlichen und auswertungsbezogenen Themenstellungen der Studie im Hinblick auf Problem- und Praxisnähe sowie zu Fragen der Durchführbarkeit

- Bereitstellung des Praxiswissens und der Praxiskenntnisse der AWO für die Gesamtuntersuchung, begründet auf dem AWO-internen Austausch zwischen den einzelnen Verbandsgliederungen

- Information und Beratung des ISS-Projektteams zu verbandsrelevanten Aspekten (zum Beispiel: Auftrag und Aufbau des AWO-Jugendwerkes, Aufbau und Geschäftsverteilung des Verbandes von der Orts- bis zur Bundesebene, Regelungen zur Ablauforganisation in den Verbandsgliederungen)

- Sicherstellung des Datentransfers zwischen den AWO-Einrichtungen und dem ISS

- Informationsaustausch und Rückkopplung der bearbeiteten Themen innerhalb der AWO sowie zwischen AWO und ISS

- Bereitstellung von Untersuchungserkenntnissen zur fachlichen Weiterentwicklung der AWO-Praxis

- Bereitstellung von Untersuchungsergebnissen für die AWO zur Nutzung in aktuellen verbands-, sozial- und armutspolitischen Diskussionen

Mitglieder der AWO-ISS-Koordinationsgruppe sind seitens der AWO hauptamtliche Fachkräfte auf Geschäfts- oder Abteilungsleitungsebene mit Schwerpunkt Kinder- und Jugendhilfe und/oder Sozialhilfe. Die Auswahl erfolgte entsprechend dem demokratischen Verbandsaufbau der AWO durch Interessenbekundung und Entsendung durch die Landes-/Bezirksverbände mit anschließender formaler Benennung durch den Bundesverband. Um einerseits eine möglichst hohe Arbeitsfähigkeit der Koordinationsgruppe zu erhalten und andererseits eine breite Vertretung aller Verbandsgliederungen sicherzustellen, wurde eine Mitgliederzahl von zehn bis fünfzehn Personen als adäquat angesehen. Die Federführung hatte das ISS in enger Abstimmung mit dem AWO-Bundesverband. Die Koordinationsgruppe kam regelmäßig – durchschnittlich alle sechs bis acht Wochen – zusammen. Tabelle 21 spiegelt die Zusammensetzung des Gremiums wider.

Darüber hinaus wurde zusätzlich ein weiteres Kommunikationsnetz installiert. Alle 29 Landes-/Bezirksverbände der AWO und das Bundesjugendwerk hatten jeweils eine Ansprechpartnerin beziehungsweise einen Ansprechpartner auf Leitungs- oder Fachebene benannt, die/der bei Bedarf eingebunden werden konnte. Diese Netzwerkstruktur berücksichtigte nicht nur die allgemeine Verfaßtheit der AWO als Verband mit rechtlich jeweils eigenständigen Gliederungen, sie sicherte auch die Beteiligung aller Gliederungen und gewährleistete einen raschen innerverbandlichen Kommunikationsfluß vom Bundesverband bis zu den Kreisverbänden und Ortsvereinen sowie zwischen AWO und ISS. Sehr positive Erfahrungen mit einem solchen Netzwerk konnten sowohl bei der Vorbereitung und Durchführung der ersten Erhebungswelle – der Befragung von rund 4.100 Einrichtungen – als auch bei der Gestaltung der zweiten Erhebungswelle – der Klientendatenerhebung zu 1.000 im Jahre 1993 geborenen Kindern – gesammelt werden. Zukünftig scheinen diese jetzt erprobten Informationswege besonders prädestiniert für eine möglichst schnelle und wirkungsreiche Implementation der Untersuchungsergebnisse innerhalb der AWO als bundesweitem Wohlfahrtsverband und als zentralem Träger von Sozialen Diensten.

Tab. 21: Mitglieder der AWO-ISS-Koordinationsgruppe

Institution	Name/Funktion
AWO, Landesverband Bremen	Hannelore Bitter-Wirtz, Referatsleiterin „Migration“
AWO, Bezirksverband Hannover	Petra von Bargen, Referatsleiterin „Jugend- und Familienhilfe“
AWO, Bezirksverband Hessen-Nord	Ruth Schlegel-Brocke, Referentin für Kinder-, Jugend- und Behindertenhilfe
AWO, Bezirksverband Hessen-Süd	Rainer Wiedemann (bis April 2000), Abteilungsleiter „Mitgliederorganisation, Öffentlichkeitsarbeit“
AWO, Bezirksverband Westliches Westfalen, delegiert von der Landesarbeitsgemeinschaft Nordrhein-Westfalen der AWO	Daniela Braun, Referentin für Kinder-, Jugend- und Familienhilfe
AWO, Landesverband Sachsen-Anhalt, und AWO, Kreisverband Magdeburg (in Absprache und wechselseitiger Vertretung)	Christa Pennekamp, Sachgebietsleiterin Kinder- und Jugendhilfe im LV Sachsen-Anhalt Heike Rudolf, Geschäftsführerin KV Magdeburg
AWO, Bezirksverband Schwaben	Hans Scheiterbauer-Pulkkinen, Referent für Kinder- und Jugendhilfe
AWO, Landesverband Thüringen	Sonja Tragboth, Referentin für Kinder- und Jugendhilfe
Bundesjugendwerk der AWO	Matthias Tholen (bis März 1999), Björn Wiele (ab April 1999), Bildungsreferent
AWO, Bundesverband	Sven Borsche (bis Dezember 1999) Abteilungsleiter „Familie, Kinder, Jugend und Frauen“ Angelika Diller (ab Januar 2000), Fachreferentin für das Arbeitsfeld „Tageseinrichtungen für Kinder“ Matthias Engel (ab Januar 2000), Referent für Kinder- und Jugendhilfepolitik
ISS-Projektteam	Gerda Holz, Beate Hock, Werner Wüstendörfer, Christian Vas (bis Januar 2000)

AnsprechpartnerInnen in den AWO-Gliederungen

Unter expliziter Berücksichtigung der Verbandsorganisation und der darin gegebenen Informations-, Kommunikations- und Entscheidungswege wurden in allen Bezirks- und Landesverbänden von den GeschäftsführerInnen jeweils AnsprechpartnerInnen benannt. Diese hatten den innerverbandlichen Informations- und Kommunikationsfluß seitens ihrer Gliederung für das Forschungsprojekt zu sichern.

Vor allem zur Vorbereitung und Durchführung der verbandsweiten Einrichtungsbefragung und der Klientendatenerhebung in ausgewählten Einrichtungen trugen die AnsprechpartnerInnen entscheidend bei. Nur so konnten Rücklaufquoten von 75 Prozent beziehungsweise 89 Prozent erreicht werden. Zu den Aufgaben der AnsprechpartnerInnen zählten unter anderem:

- Adressensammlung und -sichtung für die Erhebungen
- Weiterleitung und Zusammenführung von Daten- und Erhebungsabfragen des ISS
- Information der jeweils unteren Gliederungen und der eigenen Einrichtungen respektive Fachkräfte
- Zwischeninformation und Materialienweitergabe zu den Ergebnissen der Studie an die Gliederungen, Einrichtungsträger und Fachkräfte
- Initiierung und Aufbau eines Fachdiskurses innerhalb des eigenen Handlungsfeldes
- Umsetzung der Forschungsergebnisse in Arbeits- und Projektinitiativen der AWO

Tab. 22: Verantwortliche AnsprechpartnerInnen in den AWO-Gliederungen

Bezirksverband	
Baden, Karlsruhe	Andrea Brink
Braunschweig, Braunschweig	Rolf Döring
Hannover, Hannover	Petra von Bargen
Hessen-Nord, Kassel	Ruth Schlegel-Brocke
Hessen-Süd, Frankfurt am Main	Rainer Wiedemann (bis 2000)
Mittelrhein, Köln	Frau Schmidt-Strauch
Niederbayern/Oberpfalz, Regensburg	Alois Fraunholz
Niederrhein, Essen	Michael Schöttle (ab 1999), Alexander Elbers (bis 1999)
Ober- und Mittelfranken, Nürnberg	Eva-Maria Körner
Oberbayern, München	Wolfgang Stöger
Östliches Westfalen-Lippe, Bielefeld	Ingrid Biermann
Pfalz, Neustadt/Wstr.	Hans-Werner Riedmaier
Rheinland/Hessen-Nassau, Koblenz	Herr Hörter
Schwaben, Stadtbergen	Hans Scheiterbauer-Pulkkinen
Unterfranken, Würzburg	Dr. Gebhard Angele

Bezirksverband – Fortsetzung	
Weser-Ems, Oldenburg	Armin Kirsch
Westliches Westfalen, Dortmund	Daniela Braun
Württemberg, Stuttgart	Sabine Grethlein
Landesverband	
Bayern, München	Joachim Feichtl
Berlin	Cornelia Altmann
Brandenburg, Potsdam	Frau Döhring
Bremen	Hannelore Bitter-Wirtz
Hamburg	Ralf Inzelmann
Mecklenburg-Vorpommern, Schwerin	Anke Hafemann
Saarland, Saarbrücken	Paul Werner Zell
Sachsen, Dresden	Brunhild Sporbert
Sachsen-Anhalt, Magdeburg	Christa Pennekamp
Schleswig-Holstein, Kiel	Karl Runge
Thüringen, Erfurt	Sonja Tragboth
Bundesjugendwerk	Björn Wiele (ab 1999), Matthias Tholen (bis 1999)

Fachbeirat „Armut von Kindern und Jugendlichen"

Gemäß dem ISS-Selbstverständnis und entsprechend dem Ziel, eine breite fachliche wie öffentliche Diskussion zur Thematik zu befördern, wurde im Herbst 1998 als drittes Gremium der Untersuchung der Fachbeirat „Armut von Kindern und Jugendlichen" installiert.

Die Funktion dieses Zusammenschlusses läßt sich am klarsten als fachpolitisches und wissenschaftliches Begleitgremium für die AWO-ISS-Studie bezeichnen. Es soll des weiteren ein Fachforum für Wissenschaft, Praxis, Politik und gemeinnützige Verbände im Themenfeld darstellen. Die Aufgaben des Fachbeirates sind:

- Realisierung eines wissenschaftlichen und fachpolitischen Diskurses zur Thematik
- Beratung bei der fachlichen und praktischen Umsetzung des Projektes
- Unterstützung bei der Öffentlichkeitsarbeit und bei der Durchführung von Fachtagungen
- Auf- und Ausbau gegenseitiger Arbeits- und Kooperationsbeziehungen zwischen den Beiratsmitgliedern
- Multiplikator für die Studie in der verbands- und forschungspolitischen Landschaft

Der Beirat setzt sich aus dreißig Personen zusammen, die ExpertInnen ihres Arbeitsfeldes sind und zugleich hohes Interesse an einer innovativen Diskussion der zukunftsorientierten gesellschaftlichen Weiterentwicklung der Thematik haben. Zudem bilden sie die „Knotenpunkte" eines institutionell ausgerichteten Fach-Netzwerkes im Themenfeld. Im Fachbeirat vertreten sind:

- WissenschaftlerInnen aus den Bereichen Armutsforschung, Kinder- und Jugendforschung, Verbändeforschung
- VertreterInnen von öffentlichen und freien Trägern der Sozialen Arbeit, insbesondere der Fachbereiche Kinder- und Jugendhilfe, Migration und Sozialhilfe
- Persönlichkeiten aus Politik und Verwaltung auf Kommunal-, Landes- und Bundesebene
- VertreterInnen von AWO (Bundesvorstand und Gliederungen) und ISS

Der Fachbeirat tagt zweimal jährlich. Bisher behandelte Themen, die jeweils von Beiratsmitgliedern vorbereitet wurden, waren neben der regelmäßigen Diskussion von Zwischenergebnissen der Untersuchung unter anderem:

- Armut bei nicht-institutionell versorgten Kindern
- Armut von Kindern und Jugendlichen unter geschlechtsspezifischen Gesichtspunkten
- Möglichkeiten und Grenzen einer Längsschnittuntersuchung von Armutserscheinungen und -folgen bei Kindern und Jugendlichen
- Niedrigeinkommen-Panel (NIEP) – Möglichkeiten und Grenzen für die Armutsforschung
- Familien- und jugendpolitische Aspekte im Zusammenhang mit der Armuts- und Reichtumsberichterstattung der Bundesregierung
- Kinder- und Jugendarmut in den neuen Bundesländern
- Kinder- und Jugendarmut im ländlichen Raum – Daten und Maßnahmen auf kommunaler Ebene
- Gewerkschaftliches Engagement und Ansätze gegen Jugendarmut – Ein Blick in die Praxis

Tab. 23: Mitglieder des Fachbeirates „Armut von Kindern und Jugendlichen"

Name	Institution
Prof. Dr. Ursula Boos-Nünning (bis Dezember 1999)	Universität GHS Essen, FB Erziehungswissenschaften, Psychologie, Sport
Sven Borsche	Bundesjugendkuratorium
Dr. Petra Buhr	Universität Bremen / Centrum für Hochschulentwicklung Gütersloh
Matthias Engel	Bundesverband der Arbeiterwohlfahrt
Hartmut Fritz	Vorsitzender der BAG Soziale Brennpunkte/Caritasverband Frankfurt am Main

Name	Institution
Dr. Gerald Gaß (bis Juni 1999)	Ministerium für Arbeit, Soziales und Gesundheit des Landes Rheinland-Pfalz
Dietrich Giering	Hessisches Sozialministerium
Konrad Gilges	Mitglied des Deutschen Bundestages, SPD-Fraktion
Dr. Helga Henke-Berndt	Stellvertretende Bundesvorsitzende der Arbeiterwohlfahrt/ Vorsitzende des ISS
Beate Hock	Institut für Sozialarbeit und Sozialpädagogik
Gerda Holz	Institut für Sozialarbeit und Sozialpädagogik
Prof. Dr. Michael-Sebastian Honig, Dr. Magdalena Joos	Universität Trier, FB I – Pädagogik
Prof. Dr. Ernst-Ulrich Huster (*Vorsitzender des Fachbeirates)*	Rektor der Evangelischen Fachhochschule Rheinland-Westfalen-Lippe, FB Sozialarbeit
Dr. Yasemin Karakasoglu-Aydin (ab Januar 2000)	Universität GHS Essen, FB Erziehungswissenschaften, Psychologie, Sport
Richard Kratz	Deutscher Gewerkschaftsbund – Landesbezirk Hessen
Prof. Dieter Kreft	Nürnberg
Prof. Dr. Hubertus Lauer	Universität Oldenburg, Stellvertretender Vorsitzender des Deutschen Kinderschutzbundes
Prof. Dr. Richard Münchmeier	Freie Universität Berlin, FB Erziehungswissenschaften, Institut für Sozial- und Kleinkindpädagogik
Olaf Noll (ab Juli 1999)	Ministerium für Arbeit, Soziales und Gesundheit des Landes Rheinland-Pfalz
Christiane Reckmann	Dezernentin im niedersächsischen Landesjugendamt
Prof. Dr. Claus Reis	Fachhochschule Frankfurt am Main, FB Sozialarbeit
Dr. Doris Rentzsch, Prof. Dr. Thomas Olk	Martin-Luther-Universität Halle/Wittenberg, FB Erziehungswissenschaften, Institut für Pädagogik
Jochen Rößler	Sozialdezernent der Stadt Schwerin
Paul Saatkamp	Vorsitzender des AWO-Bezirksverbandes Niederrhein
Klaus Schumacher	Oberkreisdirektor des Landkreises Soltau-Fallingbostel
Christian Steiniger	Bundesministerium für Familie, Senioren, Frauen und Jugend
Hans-Jürgen Stubig	Bundesministerium für Arbeit und Sozialordnung
Marianne Weg	Hessisches Sozialministerium
Hans-Georg Weigel	Institut für Sozialarbeit und Sozialpädagogik
Prof. Dr. Werner Wüstendörfer	Fachhochschule Nürnberg, FB Sozialarbeit